Fall in love with Florence

醉在佛罗伦萨

外派意大利教学那一年

陈秀娟 / 著

前　言

温州体育运动学校于1987年经省人民政府批准建立,它是浙江省五所重点体校之一,也是浙南地区唯一的全日制中等体育专业学校,前身为温州少年体校,创建于1956年。学校的主要任务是为国家培养德、智、体、美等全面发展的高水平竞技体育后备人才和社会需要的具有体育专项运动技能的中等体育专业人才,为大专院校输送高质量学生,并与浙江省体育职业技术学院联合招收部分"3+2"五年制运动训练专业学生。

学校现设有中专部(6个班)、业余部(包括小学12个班级,初中7个班级)、民工班(10个班级),共有全日制在读学生1299人。学校共设田径、游泳、篮球、排球、乒乓球、羽毛球、体操、艺术体操、蹦床、柔道、跆拳道、摔跤、举重、射击、射箭、皮划艇、拳击、武术、航模19个项目,其中奥运项目17个。

学校注重学生个性发展,努力探索以较强的体育技能和良好的基本素质为内容的"读训并重"的人才培养模式,多年来培养了大批优秀体育人才。培养输送的运动员获世界级比赛冠军59个,世界冠军29个,奥运冠军两个,青奥会冠军1个,亚洲冠军48个,全国冠军243个。在第28届雅典奥运会上学校输送的朱启南获男子10米气步枪射击金牌并破世界纪录。在第29届北京奥运会上学校输送的江钰源获女子体操团体金牌和个人自由体操第4名、全能第6名,朱启南和蔡彤彤分别荣获10米气步枪和艺术体操集体全能银牌。目前，学校输送的运动员中已有12人获得世界冠军称号：朱启南（射击）、江钰源（体操）、戴丽丽（乒乓球）、诸辰（国际象棋）、许武（技巧）、尤邦孟（散打）、胡胜高（航模）、潘磊（航模）、吴钞来（散打）、毛亚琪（武术）、陈慧佳（游泳）、贾芳芳（蹦床）；有12人成为奥运选手：朱启南（射击）、江钰源（体操）、王文静（体操）、蔡彤彤（艺术体操）、阮怡（游泳）、陈慧佳（游泳）、吕志武（游泳）、李爱月（柔道）、王瑾（柔道）、郑开平（帆船）、刘海媚（帆船）、陈通洲（拳击）。

2009年，陈慧佳在第十三届罗马游泳锦标赛中，获得女子4×100米混合泳接力冠军，并打破世界纪录。2010年，白安琪在新加坡青奥会中夺得女子200米仰泳冠军；在广州亚运会上，学校培养和输送的5名运动员获得7金1银3铜，创造了温州运动员参赛亚运会历史以来的最好成绩。2011年，朱启南在射击世界杯总决赛上夺得男子10米气步枪金牌并打破世界纪录；贾芳芳在英国伯明翰举行的第28届蹦床世界锦标赛上获得了单跳项目团体和个人两枚金牌，这也是中国选手首次在世锦赛上获得该个人项目的冠军。2012年2月，陈芳在亚洲射击锦标赛上获得女子10米气步枪个人第六和团体冠军、女子50米卧射个人亚军和团体冠军、女子50米三姿个人冠军和团体冠军。学校先后有400多名学生考入高等院校继续深造，培养成为我国体育界的骨干和运动项目的带头人，还有更多的毕业生在各自不同的岗位上做出了骄人的成绩。

近几年来，学校办学条件不断改善，办学水平和综合实力不断提高，新建的学生宿舍楼已于2011年投入使用，位于龙湾区的永中校区现已完成概念性设计，并正在筹建中。学校朝着"创人民满意的教育，办人民满意的学校，做人民满意的教师"这一目标不断努力，三次被评为"全国业余训练先进集体"，两次被评为"全国群体先进集体"，一次被评为"全国青少年体育训练先进集体"，多次被评为"浙江省业余训练先进单位"。2005年2月学校被国家体育总局命名为"国家高水平体育后备人才基地"，2009年1月学校通过国家体育总局的评审，成为新一轮奥运周期的"国家高水平体育后备人才基地"。2012年，学校被温州市政府授予"参赛全国七城会贡献单位"荣誉称号。

2000年4月学校被国务院侨办授予"华文教育基地"的称号。学校是全国首批22个华文教育基地之一，在原来加强对外交流的基础上，接受完成侨办计划的各项任务。"国务院侨办华文教育基地"的任务是：贯彻"为侨服务"的精神，承担海外华文教育教材的研究、开发工作；招收、培养海外华侨、华人子弟，为他们学习中国语言文化提供良好的教学和生活条件；接待海外华裔青少年夏（冬）令营团队；为海外各级各类华校培训教师，并根据需要选派教师到海外华校任教；开展海外华文教育的理论研究，探索新形势下拓展华文教育的新路子。

学校作为华文教育基地，在暑期积极举办海外华裔青少年武术特色夏令营；多次派武术教练到海外华校任教。2013年9月到2014年8月，根据国侨办和温州侨办的要求，我作为汉语老师被学校选派到意大利佛罗伦萨中文学校任教一年。我在佛罗伦萨中文学校主要从事中学中文教学和教务处行政工作；承担当地师资培训工作以及协助学校开展教学管理工作。

本书就是这一年经历中的所思、所想和所感。共分教学研究、文化交流和生活剪影三大部分。虽然叙述粗糙、简单，但作为一年的留念，对作者意义深远！

相遇最美

人和人相遇，靠的是缘分；

人和人相处，靠的是诚意。

思念别人是一种温馨，被别人思念是一种幸福。

知音是贴切的默契，知己是完美的深交。

这个世界上没有谁对不起谁，只有谁不懂得珍惜谁。

爱情不是甜言蜜语，而是你为她做多少爱她的事。说千言万语，不如为她做一件事。

男人的魅力不在于有多少钱，长得有多帅，而是遇事有多大的担当。

女人的魅力不在于长得多漂亮，而是有温柔善良的性格和一颗宽容的心！

生活中，无论亲情、友情还是爱情，自然而然留在身边的，才是最真，最长久的。真正的耳聪是能听到心声，真正的目明是能透视心灵。看到，不等于看见；看见，不等于看清；看清，不等于看懂；看懂，不等于看透；看透，不等于看开。当我们明白人所看重的并不重要，上帝要给的才最重要，我们就真正成长了。

相遇最美，今生能相遇就无比幸福。无论是擦肩而过，和谐共事，相扶相持，还是相约百年，都十分的珍贵，都应永远珍惜这份美好。感谢上帝的预备和赐予，感谢我今生相遇的每一个人，包括读到这儿的你！

目 录

前　言 …………………………………………………………………… 001
相遇最美 ………………………………………………………………… 001

第一部分　教学研究 / 001

第一章　华校作文教学方法浅谈 ……………………………………… 003
第二章　教学中注重言语实践 ………………………………………… 012
第三章　个案教育研讨 ………………………………………………… 015
第四章　意大利华裔中学生家庭环境、父母教养方式与心理健康的
　　　　关系研究 …………………………………………………… 025
第五章　意大利基础教育 ……………………………………………… 038
第六章　成功的融合教育 ……………………………………………… 042

第二部分　文化交流 / 045

第一章　学习意大利语 …………………………………………… 047
第二章　中小学听课感想 ………………………………………… 049
第三章　中意教师交流，共谋学生发展 ………………………… 059
第四章　出席佛罗伦萨孔子学院揭牌仪式 ……………………… 063
第五章　参加佛罗伦萨华人华侨相关活动 ……………………… 065
第六章　首届海外华校预备教师培训 …………………………… 069

第三部分　生活剪影 / 081

第一章　醉在"翡冷翠" …………………………………………… 083
第二章　现代都市米兰 …………………………………………… 094
第三章　科莫湖和贝拉角（Bellagio）…………………………… 097
第四章　上帝将眼泪流在了这座城 ……………………………… 099
第五章　意大利首都罗马 ………………………………………… 103
第六章　点滴品味 ………………………………………………… 110

后　记 ………………………………………………………………… 113

第一部分　教学研究

第一章　华校作文教学方法浅谈

　　语言是人与人交流思想、交流情感、交流信息、交流技术的一种载体。因此，它对社会的进步以及一个人的发展起着至关重要的作用。在海外的华侨子女虽然可以学习所在国的语言跟别人交流，但如果能学好中文，学会表达，则会更好的交流传播中国文化，其作用不可低估！所以对于海外华人子女来说，学会表达尤其重要。那么何谓表达？表达指的是，把脑子里固有的印记，通过一定的方式向外界展示或向他人流露。表达的方式很多，可以用眼神，用表情，用肢体，更多的则是口头表达和书面表达。口头表达就是说话，书面表达就是作文。今天，我主要从三个方面来讲我这段时间培养学生书面表达能力的方法。

一、重视写前指导

（一）重视课本原有素材　以读促写

　　作文教学不可剥离课文，因为我们在教学中，学生最熟悉的恰恰是课文，在课文教学中"春风化雨"般地把好词好句"润"入学生心田，以读促写，提高学生的表达能力。如，七年级《汉语》第一册课本第一单元有一篇课文《我的旅行》，写一颗小小的豆瓣，跟同伴们离开了豆芽筐子，先来到一口锅里，又来到一个盘子里,接着被送进一个小孩的嘴里,在那个小孩的身体里白白旅行了一趟的故事。该课文以第一人称的手法,写得幽默风趣。之后,我布置学生仿写,收到良好的效果。

下面展示一篇学生的仿写文。

我的旅行
胡余雷

我是一条小鱼,我出生在九龙江里。我家的周围全是大山、森林,那儿,泉水叮咚响,从山上一泻而下,那泉水清澈见底,我们在水中游来游去甚至可以看到自己的影子。

有一天,我突然觉得有一点儿闷,在这儿待得有点厌烦了,外面的世界应该会很精彩吧?好,我决定要出去外面闯一闯。于是,我就约了几个朋友一起去旅行。我的朋友问我:"我们要去哪里玩呢?"正当我在想的时候,有一只小鸟向我们飞了过来。它说:"如果你们想去一个很好玩的地方,就去厦门特区吧,那里有很多工厂,人又多又热闹。"我说:"好的,谢谢!"我们按照鸟儿的指点,顺着九龙江往下游去。

路上,我们看见的人越来越多,有几艘小船在水面上游荡,还有的在来回穿梭,这样的景象实在太棒了!鱼儿们都赞不绝口地夸这幅景象,过了一会儿,水变得越来越浑浊,还散发出一种怪怪的味道,一问领路的小鸟才知道原来是从工厂排出来的脏水。

这脏水把水污染成了黑色,我们渐渐感觉到非常难受,甚至都呼吸不了了,可是为了看到厦门特区的美丽景色,我们咬紧牙关,游啊游……一路上船越来越多了,我回头一看,发现我跟同伴们分散了,我掉队了。我难过极了,就浮出水面,呼吸一些新鲜的空气,可是谁知我一探出头来前面就是岸边了,我努力地往后游,可是,水流得很急,把我甩出了水面。

就这样,我白白旅行了一趟。

(二)写一个人物方法指导

第一次试写,发现会写作文的学生很少。第二次写作便用一天时间进行专门指导。

主要分三步指导：第一步，指出一篇文章要有一个完整的结构。如下图，

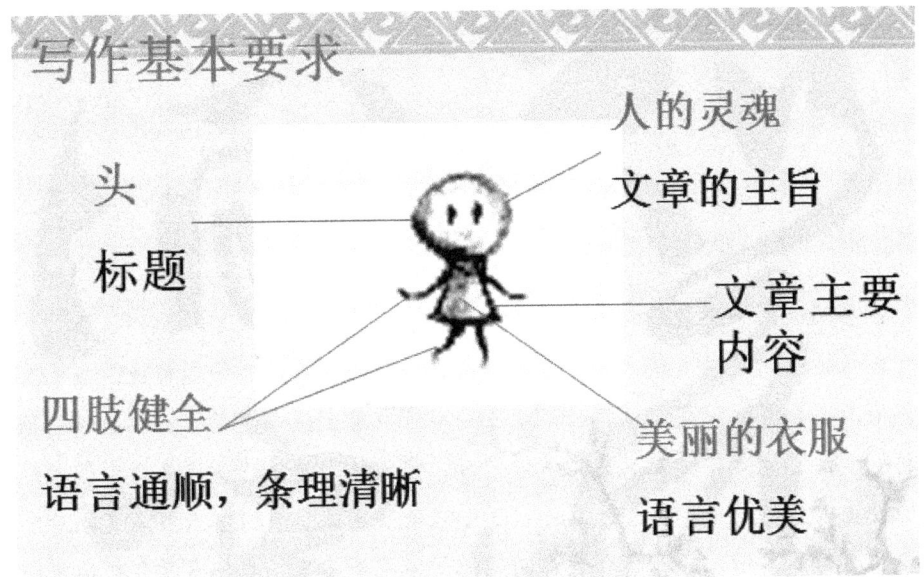

这幅图让学生一目了然明白写作的基本要求。

第二步：用1+1写好人物。前面的"1"是指人物形象，这里所说的形象是指被描写的人物在作者心中的形象。在写人记叙文中，人物形象在作者心中总会留下深刻的印象，这种印象或是外在的形象，或是内在的品格，抑或二者都有。文章正是要把这种形象展示给读者。

在写人记叙文中，作者该怎样展现人物形象呢？学习了一种方法，先外在，后内在，即先对人物进行外貌展现或品行介绍，再用事迹证明。

第三步：求新颖，写好细节。主要针对写人记叙文的材料选择。

写人记叙文的材料选择，根本的原则是能够表现人物的外貌、思想、性格、阅历、精神状态和精神品质，也就是说，一切材料都必须为表现人服务。上述这些同学们在写作中都或多或少能够注意到，既然是都能够注意到，因此，它不构成写好记叙文的关键，那么关键是什么呢？一句话，就是人物的个性化，就是在文章中要能够鲜明地表现出人物的个性。

什么是人物的个性？人物的个性就是这个人物独有的性格。人物在外貌、语言、行为、心理、身份、地位、职业、阅历、知识以及从事某项工作表现出的细节都是千差万别的，这些千差万别的具体细节构成了人物的个性化特征，

写好人物的关键就是写好这些个性化特征。通过指导，每位学生进步都很大，特别是程仁恩、项鑫贺、戴道磊等同学，他们原本作文几乎不会，可是通过指导后也能写出像样的文章，很欣慰。如：

我的好朋友程大义
戴道磊

我要写我的一个最好的朋友叫程大义。

我跟他认识了很多年，有时我会忘记带钱，他会慷慨的帮我付钱，当他忘记带钱时我也会替他付钱，对我来说朋友是不可以拿金钱来衡量的。他的性格跟我一样，爱笑，爱玩，爱开玩笑，不爱学习，常常抄同桌的作业。业余时间我跟他有时会去看恐怖的电影或者动画片。还会跟他去游泳。我游泳虽然不是很厉害但是他不会游泳，所以我有时会故意的害他把他推到水里。我们常常会比速度跟力气。他跑步比我快，我力气比他大，我们常常会闹来闹去，当我想打他的时候，他就跑得比兔子还快。玩游戏的时候他常常玩不过我。我跟他常往对方家跑，他来我家吃饭玩游戏，我也会去他家吃饭玩游戏。

跟他在一起的日子，给我留下了很深的印象，当我回想起时，仿佛就发生在昨天一样。

（三）提供描写景物的词句作参考，辅助写作。七年级第一册第二单元有篇课文是《巨人的花园》。课文描写了巨人花园的美丽景色，优美语句较多，我就让学生把描写景色的句子找出来，进行朗读积累。然后要求学生写一篇佛罗伦萨的冬天（或春、夏、秋）景色的文章。再提供一系列有关四季的词语和句子给他们，提供例文两篇，写冬天一篇；春天一篇。利用现在多媒体技术的优势，发QQ给班长，让班长打印给同学学习。学习成绩好的就可以以此激发思维自己写，成绩差的可以用他们的语句组成自己的文章。

个别同学写得较好，把摘录的词语和句子用到了自己的文章中了。如：

1. 佛罗伦萨的春天像一个小姑娘，遮遮掩掩、躲躲藏藏。春天，公园里开着五颜六色的花，长出一棵棵茂盛的树木，桥下的小河叮咚叮咚的唱着歌，似乎在迎接着春天的到来。（温作豪）

2. 佛罗伦萨的冬天很美丽，尤其是下雪的时候。（付梦迪）

3. 佛罗伦萨有着美丽的四季。这里春天春暖花开、冰雪消融；夏天骄阳似火、夏树苍翠；秋天红叶满山、秋意浓浓；冬天玉树银花、雪花飞舞。其中最美丽的还是春天。（郑美静）

4. 郑建斌的文章。

佛罗伦萨的冬天

佛罗伦萨是意大利中部的城市，是托斯卡纳区的首府。佛罗伦萨也是欧洲著名的艺术中心。

佛罗伦萨的冬天是美丽的，佛罗伦萨的冬天也是寒冷的。

初冬，它像一位美丽的、高贵的公主，舞动着她那神奇的面纱，送来阵阵冰冷的寒风。寒风像刀子似的刮在树叶上，树叶就慢慢地变成各种各样的颜色，有黄的、红的、黑的、紫的——这些树叶经不起寒风的冷酷，都缓缓的掉在地上，一层薄薄的树叶，把大地装饰得像一条轻软的羊毛毯似的。

佛罗伦萨的冬天，偶尔也会下起了雪。在那茫茫苍苍的天空中，飘洒着亮晶晶的雪花，雪花飘洒到房顶上，给房顶穿上了一件厚厚的棉衣；雪花飘洒到大树上，大树就会变成一个高大的巨人；雪花飘洒到大地上，大地就披上了美丽的银装。

在冰天雪地下，在羊毛毯子上，孩子们正在堆雪人、打雪仗、滚雪球，玩得可开心了。在花园里，一切的花草树木都被冰雪笼罩，只有青松迎着刺骨的寒风傲然挺立。青松四周挂满了冰条，犹如一朵朵银色的梨花。太阳出来了，阳光照射在这些冰条上，反射出夺目的亮光，美丽极了，简直令人陶醉了！

我爱你——佛罗伦萨的冬天。

二、让作文课堂充满乐趣

开拓学生课堂作文的新形式新渠道：

（一）通过游戏作文。如吹气球比赛、贴鼻子游戏、人生五样等游戏；游戏结束后写成作文。

（二）接龙作文、合作作文。心理学实验表明：许多人在一起共做，可以促进提高个人活动（学习和工作）效率，所以合作作文让学生很有兴趣。

（三）听讲故事，用文字记录下来。

（四）视写，让学生在规定的时间内看一段文字或一篇文章，然后要求他们用自己的语言把刚才看到的文字写下来。

（五）扩写、缩写、改写。向学生提供一个素材（可以利用让他们听写、视写的材料），组织学生扩写、缩写、改写等。

（六）"课外生活作文"则让学生去写"放胆文"。

我们希望让儿童在作文学习中获得成功。我们不能改变孩子人生的起点，但要努力改变其发展的起点和轨迹，以及人生的终点；我们不能增加孩子生命的长度，但是我们可以尽可能地拓展他们生命的宽度，寻找生命的意义。让儿童成功就是我们赠给他们的最好礼物。

三、重视积累与批改

前三次写的作文叫学生打字发到我的邮箱，我把它们打印出来，然后分组点评。每组四五位同学一起评议这篇文章，要能指出好在哪里？哪里还可以修改。然后让学生回去修改自己的文章，而那些差的没有作文的同学，就让他把这篇作文拿回去仿写，改几个人名，改一下例子，然后写到作文本上，此举主要为提高学生的积极性和趣味性。让他明白自己也能写作文。而且，我们知道作文创新的第一步就是先从仿写开始的。这样先"仿写"后"改写"再"撰写"，实实在在地做到因材施教。

至于积累，"阅读是作文的父亲"。要写好作文，必须大量阅读。

在阅读教学的课堂上，我们老师教学生识字，积累词汇，掌握各种句型、句式，熟悉课文的内容，了解课文的表达方法，让学生体会作者的思想感情。在传授语文基础知识的同时，还要培养学生的语文基本能力，即：听、说、读、写。阅读课上，要有十足的语文味。要讲"字、词、句、篇"，要练听、说、读、写。不仅要让学生知道课文讲的是什么，更要讲作者是用哪些词汇和句子来描写事物的，作者是怎样调遣句子来表情达意的，作者又是怎样布局谋篇来表达中心思想的。

阅读是语文教学的重点；作文是语文教学的难点。学生作文，说到底，是儿童作文。它是学生运用语言文字的一项练习,也是他们学会做人的一份记录。教学生作文,就是教会他们做人。因此,对教师而言,教作文就是教做人,对学生来说,学作文就是学做人。作文教学的目标要明确。除了让学生进行运用语言文字的训练、懂得做人的道理外,还要培养他们多读、多写、多思、多改的习惯。作文教学不是为了培养未来的作家,作文与创作是完全不同的两码事。作文,是孩子运用语言文字的一种练习;创作则是作家反映生活、表达思想的一种创造性的劳动。兴趣,是入门的向导。我们不要强迫孩子去做他们不愿意做的事情,同样,我们也不要"硬逼"学生作文。要顺其自然,要启迪孩子。设法让孩子愿意写、乐意写,把作文当作自己生活的一个部分。

叶圣陶先生教孩子作文的做法值得我们学习和借鉴。

叶圣陶先生的长子叶至善先生介绍,他小时候叶老是这样教授他作文的:叶圣陶先生从不给孩子教授作文入门、写作方法之类的东西。他仅要求其子女每天要读些书。至于读点什么,自己决定。但是读了什么书,读懂了什么,都要告诉他。除此之外,叶老还要求他们每天要写一点东西。至于写什么也不加任何限制,喜欢什么就写什么:花草虫鱼,路径山峦,放风筝,斗蟋蟀,天上飞的,地上爬的,水里游的,听人唱戏,看人相骂……均可收于笔下。纳凉时,叶老端坐在庭院的藤椅上,让孩子把当天写的东西朗读给他听。叶老倾听着孩子朗读,从不轻易说"写得好"与"写得不好"之类的话,比较多的是"我懂了"和"我不懂"。如若叶老说:"这是什么意思呀?我不懂。"其子女就得调遣词句或重新组织句子,尽力让父亲听得明白。直至叶老说"噢,原来是这么一回事,我懂了"时再继续读下去。

其实叶老的这种教法正是教学生"自能作文"最好的注脚。他给了我们两个启示。

启示一:作文首先要文通句顺。"通"则"懂","懂"则"通","不通"则"不懂","不懂"则"不通"。道理似乎就这么简单。

启示二:学写作文必须大量阅读。读书是基础,读书是积累,读书是吸收。胸无点墨,怎能下笔成文?学写作文还必须每天"写一点"。写好之后,要多读,多思,多改。文章是写出来的,好文章却是改出来的。修改作文的过程,就是修正思想的过程。久而久之,自然会写作文了。

叶老这样教子女作文，也体现了他多年倡导的"'教'是为了'不教'"的思想。

我们再来看看上海特级教师贾志敏老师是怎么教他的孙女写作文的。

我孙女爱听故事，我便讲故事给她听，讲完了，让她复述，一遍，两遍……当她讲得通了，讲得顺了，便让她用文字记录下来，再读给我听。久而久之，在她读二年级的时候，便能写上好几百字的作文了。

当她具有能组织文字的本领之后，我就教她去独立观察生活，发现生活，在生活中寻觅作文的材料。

生活中处处都是作文的材料，我见她高兴得手舞足蹈时，便提示把它写下来就是一篇很好的作文；我见她情绪低落、垂头丧气时，便对她说，把这记下来，别人一定爱看。有一次，她来探望我，我正躺在床上闭目养神，眼镜还架在鼻梁上，手头还捏着报纸。她没有吵醒我，只是吻了一下我的额头，便端坐在一边看起书来。我知道了，便让她把这一生活情景描述下来。没花多大工夫，她就写下了《深深的吻》。

她的父亲整日地忙，天南地北地跑，一年到头见不上几次面，父女俩只能通过电话聊上几句。她埋怨道："我的爸爸在电话里。"我听了，感到这是一个好题材，我就让她写了《电话里的爸爸》。习作情真意切，颇为感人。

我让她每天写日记，把一天生活中发生的有趣的事记录下来。日子长了，养成了习惯，记日记成了她每天生活中不可缺少的内容。像她所说："作文就像玩一样。"对孩子来说，作文是一种游戏；对青少年来说，作文则是一种需要。每个人仅有一个短暂的童年，抓住了，什么都有了；抓不住，则可能会铸成"千古恨"。

总之，对于学生来说，学写作文主要碰到两个问题：一，没有东西写；二，有了东西也不知道怎样去写。第一个是如何搜寻材料的问题；第二个是如何表达事物与情感的问题。

我认为，在进行作文训练的时候，要倒过来操作：先教会他们如何表达，然后指导孩子在生活中寻觅作文的材料。我的作文教学实践的体会是：作文训练应该按"课内课外两条线进行"。即课内训练作文与课外生活作文。"课内训练作文"是必需的，是不可缺少的。教师命题，教师提供作文素材，教师指导谋篇布局，遣词造句等，目的是多方面地培养学生作文的能力。然而，事物有其两面性，这样的训练往往会有局限性,会抑制学生的写作热情,因为这样做可能会让孩子去写不熟悉的,乃至不喜欢的东西。而"课外生活作文"则让学生去写"放胆文",放开学生的手脚,让学生"天马行空","我行我素"。想写什么,就写什么;喜欢什么,就反映什么。只要"有所感"都可以收于笔下。因为没有了束缚,学生的写作热情可能被激发。学生在毫无约束的状态下写出的作文,可能是他真实感情的流露,真实生活的感受。因此,会"有看点"。这样的作文才有可能题材新颖别致,内容真实可信,语言鲜活生动。

第二章　教学中注重言语实践

语文教学可不能培养这样"学问渊博的猪"

我曾在教研室担任语文教研员,由于工作需要,常常要听不同形式的课。随着新课程的推进,语文课堂呈现出生机勃勃的局面,有的课听了让人激动不已。但是很多的课还是关注课文讲了什么的多,没能让学生深入体会作者是怎么写的,没能重视让学生进行言语的积累。其实对语文课而言,怎么写比写什么要重要得多,言语积累才是提高语文能力的基础。

现在还能清晰记起来,那是一次新课程调研时所听的一节语文课。上课的是一乡镇中学的老师,课文的题目是《绿色蝈蝈》,法布尔写的。课文介绍了蝈蝈的外形与习性。老师先让学生学习课文中的生字词语,然后要求学生概括蝈蝈的外形与习性。介绍外形的句子只有一句两行:"这种昆虫非常漂亮,浑身嫩绿,侧面有两条淡白色的丝带,身材优美,苗条匀称,两片大翼轻盈如纱。"这句话写得确实好,简洁又优美,使蝈蝈的形象呼之欲出,确实是大师的手笔。老师也认识到这点,便让学生划出此句,但可惜的是老师仅让学生划出而已,接下来并没有让学生更深入地去读去背、去对照图说,消化言语。所以,下课后,我随机问了五位同学,没有一位同学能背得出来。我想不用再问了,问下去也没有什么意义了，这样就足以说明问题了。其中有一位同学说得更好：老师，你等一下，等一分钟，我就会背了。是啊，这么一句话，只要一分钟就会背了，而一节课下来却没有一位学生能背，这难道不应引起我们深思吗？课堂上老师为什么就想不到给学生这么一分钟呢？其实，这里的关键问题是老师没有这种意识，没有让学生有进入言语殿堂的意识，没有让学生积累言语、内化言语、运用言语的意识。无怪乎，我们的学生学了十几年的本国语文，大多不过关，大多还是不会读、不会说、不会写！这使我想到了一个寓言故事：

一头绝顶聪明的猪，住在一个非常出名的图书馆的院子里。它深信自己由于多年图书馆的生涯，已经成了渊博的学者。

有一天，一只八哥来访问。这头猪立即按照惯例，对客人进行自我介绍。

"朋友，相信我吧！"它说，"我在这个图书馆里待的时间很长了，我对这儿的沟渠、粪坑、垃圾堆，都有着深刻的了解，甚至屋后山坡上的墓穴都拱翻了好几个。谁要是想在这个图书馆得到知识而不找我，那他是白跑了一趟。"

八哥说："你所说的都是图书馆外面的事，那里面的东西也了解吗？"

"里面？"这头学问渊博的猪说，"那我最清楚不过了。里面无非是一些木架子，上面堆满了各色各样的书。"

"你对那些书也了解吗？"八哥问。

"怎么不了解呢？"这位渊博的学者说，"那是最没意思的了。它们既没有什么香气，也没有什么臭气，我咀嚼过好几本，也谈不上有什么味道，干巴巴的，连一点儿水分也没有。"……

看到这里我们可能会发出会心的笑，这样自以为是的"猪"，这样的"学问渊博"！而让我们痛心的是：我们的语文教学中却有意无意地把学生培养成这样的"猪"；老师有意无意地引导着这头猪的行动；让学生在言语的殿堂外徘徊，就是不让其进入其中并把言语化为己有。像这头猪，随它怎么绝顶聪明，就算住在图书馆再久，它也不可能成为学识渊博的猪。这样明显的道理，为什么一换个环境就迷糊了呢？如果我们不让学生进入言语的殿堂，像这头猪一样永远徘徊于言语殿堂之外，他们能学好语文，能有很高的语文素养，很强的语文能力吗？答案是不言自明的。

要让学生进入言语的殿堂，就是要让学生不断积累语言，熟悉语言，把古今中外的语言精华据为己有。这只能靠熟读和背诵。"书到用时方恨少"就是指记得少，致使说话和作文时便没词儿，不能呼之既出，信手拈来，随心所欲，左右逢源地运用典故。其实古今语文素养好的人，无不重视诵读的。清代黄宗羲在《论文管见》中说："要使古今体式，无不备于胸，始不被题目所压倒……余尝见小儿搏泥为铳，击之石上，铿然有声，泥多者声宏。若以一小丸为之，总使能响，其声几何？此古人之所以读万卷书也。"所谓"备于胸"，就是要将纸上文章变为"心上文章"。"心上文章"积累多了，死的语言材料就会慢慢地转化为活的语文能力。朱光潜先生曾说过这样的话："头脑里甚至筋肉里都浸润下那一套架子，那一套腔调和那一套用词造句的姿态，等你下笔一摇，那些'骨力'、'神韵'就自然而然地来了。"他还说："我现在所记的书大半是儿时背诵的，当时不甚了了，现在回忆起来，不断有所感悟，其中意味确是深长。"读书只有读到烂熟于胸的程度，对于文章的精华、韵味和气势，才会有真切的了解。对于文章的词汇、句式和结构才会消化吸收，变成自己的东西，将来写作时，就会得心应手，呼之即出。苏轼会背《汉书》；茅盾会背《红楼梦》；作家曹聚仁四岁能背《四书》，七岁能背《诗经》。因此他们才思敏捷，著述甚丰。我们强调熟读背诵，就是要学生不能浅尝辄止，而应把握实质，将范文中的语句化为己有。因此，我们现有教材中优美的课文或片段就要让学生熟读背诵。巴金先生说过："现在有两百多篇文章在我的脑海里面了，虽然我对其中的任何一篇都没有好好地研究过，但是这么多具体的东西至少可以使我明白所谓'文章'究竟是怎么回事。"巴金先生的话给我们的启发是很深的。我们的语文教学到底让学生在课堂上学什么也应该是很清楚的。我们可不能培养像开头寓言中提到的那种学问渊博的猪啊。在佛罗伦萨中文学校的一年，我一直坚持注重言语实践，通过多形式的读、背落实言语积累，让学生达到运用自如的目的。

第三章　个案教育研讨

积极心理学指导下的华文教育教学

在国内的时候，我一直在做积极心理学指导下的体校心理健康教育的工作，觉得积极心理学的理念对学生的成长非常有利。所谓积极心理学，就是指一种关心人的优秀品质和美好心灵的心理学。它倡导人类要用一种积极的心态来对人的许多心理现象和心理问题作出新的解读，并以此来激发每个人自身所固有的某些实际的或潜在的积极品质和积极力量，从而使每个人都能顺利地走向属于自己的幸福彼岸。积极心理学给我们的启示：1.转变不是修复受损部分，而是培育人类最好的正向力量；2.对积极的力量培育与强化来取代个案的缺陷修补；3.发挥他们正向或积极的潜能：幸福感、自主、乐观、智慧、创造力、快乐、生命意义等。

在佛罗伦萨中文学校，我一直用这样的理念进行教育教学。

（一）班级管理中对每个学生鼓励、支持、看到优势，坚持要学生跟自己比，不跟别人比。当我第一次要求学生跟自己比，不跟别人比时，学生好像不大以为然，他们说，老师，我们跟别人比才会有竞争嘛，才会更好嘛。但是我们知道每个人在这个世界上都是独一无二的，每个人都是不一样的。

看到学生的优点及时鼓励。詹同学在我们班级算年龄比较大的，人比较懂事，因为年龄较大，看问题较深刻，课外知识比较丰富，但是开始时胆小，读书声音很轻，读得也不理想。我就多请他回答那些较难的问题，及时鼓励表扬他，经过快一年的锻炼，现在，他既学得好，书也读得声音响亮。

再如王同学学习认真，成绩中上，可是胆小，声音很轻，如果课堂不是十分安静就听不到她的声音，每次轮到她读书或课前演讲时就过来说，老师我不说，我不会说。但我看到她的内心其实是想表现的，就鼓励她，第一次时允许她站在台上，让她读准备好的材料，再让别的同学帮她读一次。读书时也同样只说你能行的，肯定能行的。经过一个学期的努力，让我高兴的是这个学期又轮到她进行课前演讲，虽然，她说老师我准备了，可是我不敢读。她的好朋友还请求让她帮她来说。但是，我没有同意，坚持让她自己说，让人欣慰的是，这次的演讲声音非常响亮。

（二）跟家长联系时，发现学生的优点，进步就打电话，而不是有问题时才打。

避免告状式的家校联系。轻易不说他们的问题，说问题的同时不忘夸一下孩子的其他方面。帮助家长树立起对孩子教育的信心。信心是成功的一个不可或缺的条件，尤其是对学习基础比较差、表现不够好的学生的家长，这一点更加显得重要。有的学生家长，由于经常听到对自己孩子在学校表现的负面的评价，对教育好自己的孩子已经失去了信心，觉得孩子一无是处，甚至无可救药，从而放弃对孩子的教育，那么教师在学校所进行的教育，即使不算是完全失败了，也必然大打折扣。所以，教师必须避免告状式的家校联系，不能在家长面前一味地数落孩子的不是。如果确实因为孩子犯了错需要与家长联系，也应该与家长坐下来，共同分析孩子之所以会犯错误的根源，积极与家长达成共识，形成默契，互相配合，研究出最好的解决办法。尤其是对后进生的家长，更要体谅他们的难处。孩子学习越差，家长与教师一样对他的教育付出的就越多，孩子显得不争气，做家长的比谁都痛苦。对于这些家长，教师更应该对对方给予安慰，并尽可能肯定孩子的优点，哪怕这优点只是一刹那的极不明显的闪光，也足以重新激发起他们对教育孩子的信心。金无足赤，人无完人，再优秀的学生都会有缺点，同样，学校里不可能存在一无是处的学生，再调皮捣蛋的孩子，他的身上也会有闪光点，关键在于老师要善于发现其闪光点并及时对其进行必要的引导，强化其优点，逐步转化其他方面。

比如，我们班的姚同学，因为年龄小，基础差，学习成绩很不理想，但第二学期开始，很认真，积极参与课堂学习，我就打电话给他妈妈，让他妈妈也鼓励他，维持他学习的积极性；还有程同学，虽然很懒，基础也不好，但如果认真学的话也能掌握得很好的，第二学期开学初，他学习的积极性高涨，作业也叫家长签字。所以，我就打电话给家长好好地表扬了他。如此等等。

（三）家长积极配合的孩子更容易成功，学校老师一定要把家长争取过来当同盟军。

一个孩子的健康、健全成长，仅靠学校或仅靠家庭都是远远不够的；教师观察不到孩子在家的情况，家长也很难看到孩子在校的表现，需要的是两者之间的合力，教育才会有针对性和连贯性。应该说，这是校园人际关系中难度较大的一种关系。因为家长的职业不同、层次不同，教育孩子的观念也不同，要让他们都能与学校"步调一致"，真的很不容易。但我们相信每个家长都是想孩子好好学习的，如果你站在家长角度，让家长真心感到你是为了他的孩子，家长肯定会非常配合的。所以，我们要真诚地与家长沟通交流，让家长充分感觉到教师是爱护学生的，对学生有强烈的责任感，真心地为学生成长和发展着想。这样才能取得他们的信任，争取他们最好的配合，共同探讨对孩子的最佳教育方法，以达到共同的教育目的。

比如，我们班的郑同学，父母对他的家庭教育是很重视的，但由于受经常一起玩的同伴的影响，郑同学变得很调皮，上课捣蛋，不认真学习。我就利用放学家长接孩子的时候与家长沟通，以及有机会就通过电话肯定其优点，指出他的不足，经过多次沟通交流，孩子在第二个学期开始就表现得非常好。同时，在学校里，我也特意安排他与表现好的学生坐一起，隔开调皮生。一段时间下来，效果很好，他学习努力，成绩稳居班级前几名。为了达到更好的效果，我还为他登了校报表扬，近一个学期了，表现一直都很好，没有反复。

教育是以生命哺育生命、用心灵呵护心灵、以人格塑造人格的活动。在过去比较长的一段时间内，人们出于对知识的渴求，在"知识就是力量"的观念支配下，形成了以传承知识、文化和技能为教育主导的"教书育人"的观念。随着社会的发展，互联网时代的到来，现代教育不仅仅要传授知识，更要强调育人为本，重视人的非智力因素的培养，为学生的终身发展奠基。"人"育好了，"书"也就教好了；"人"育不好，教"书"也是无效劳动，所以要牢固确立"育人教书"的现代教育理念。在外华校同样要重视人的非智力因素的培养，为学生的终身发展奠基。

案例一：

洒播一缕阳光　收获满眼明灿
——一例行为偏差学生的心理辅导案例

摘要：本文是一例初中行为偏差学生的咨询案例，文章对求助者心理问题的形成原因与发展过程进行了解释和分析，并用积极心理学理念，运用行为疗法、家庭治疗等方法对他进行心理辅导。最后结合该案例总结了作者的应用体会。

关键词：积极心理学；行为偏差；行为疗法；家庭治疗

引子：

"老师，谢谢你，谢谢你让我评上了优秀学生！"

"陈老师，今天是教师节，祝你教师节快乐！"

学生的两个短信把我的思绪带回了一年前……

一、个案背景

2013年9月，本人作为国侨办外派教师到意大利佛罗伦萨中文学校任教。在佛罗伦萨中文学校担任初一两个班级的班主任并任教他们两个班的汉语课。

佛罗伦萨中文学校是全日制中文学校，它在2012年被意大利外交部推举为交融典范；其上课时间为下午3点30分到6点30分。2013年学校共有19个班级，400多名学生。其中学前一年、小学三年、初中两年、高中两年，学生早上上意大利全日制学校；意大利课程学习结束后，下午来上中文学校。其学生都是华侨子女。

小军（化名）是佛罗伦萨中文学校初一（2）班的学生，其父母是在佛罗伦萨做生意的温州人，小军是家里的老大，他还有一个弟弟和一个妹妹；他聪明机灵，健康好动，发育良好，但上课不认真，爱做小动作，不想学习。

二、辅导过程与情境

在外华校与国内全日制学校不同，学生一过来上好课马上走，师生交流时间不是很多，他们的课间没有休息，只有上课前几分钟和放学学生在等家长来接前的一点时间，但这点时间还是可以与学生交流的。所以，我的辅导也是见机行事：

（一）课堂教学　挖掘优势

利用班级上课时间鼓励、支持、看到小军的优势，坚持要他跟自己比，不跟别人比。当我第一次要求学生跟自己比，不跟别人比时，学生好像不大以为然，他们说，老师我们跟别人比才会有竞争嘛，才会更好嘛。但是我们知道每个人在这个世界上都是独一无二的，每个人都是不一样的。我就跟他们说，你们想想，我们班的戴同学（成绩很差的）能去跟班长比吗？那样他永远达不到，不是越比越痛苦嘛！只有跟自己比才会向前看，今天比昨天进步一点点才会越来越积极，越来越向上。我给他们看了一个公式：1 的 365 次方 =1，1 是指原地踏步，一年以后你还是原地踏步，还是那个"1"；1+0.01=1.01，也就是每天进步一点；1.01 的 365 次方 =37.78343433289 >1；1.01 的 365 次方也就是说你每天进步一点点，一年以后，你将进步很大，远远大于"1"；1−0.01=0.99，0.99 的 365 次方 =0.02551796445229 <1，也就是说你每天退步一点点，你将在一年以后，远远小于"1"，远远被人抛在后面，将会是"1"事无成。它的寓意是指：与时俱进，不进则退。请警惕，每天只比你努力一点点的人，其实，已经甩开你太远。

在课堂上，我对全班同学说，小军有很多优点：人聪明，喜欢看课外书，作文写得好，只要投入精力，认真学习，就能取得优异的成绩。

威廉·詹姆斯说过："人心中最深刻的禀赋，是被人赏识的渴望。"古人说："良言一句三冬暖。"赞美学生，可以让学生获得情融融、意切切的心灵感受。这种感受会转化为积极向上的原动力，燃起学生的希望之火，唤起他们的进取心。

（二）家庭治疗　形成合力

家庭系统疗法认为，只有在家庭的背景下才能对个体进行充分的理解。小军的家庭教育还是很严格的，家长对他的学习也是很重视的。不像有的华侨子女，因为在国外，没有升学压力，家长不重视学习，小军的家庭还是注重学习的。于是我就利用放学家长接孩子的时候与家长沟通，以及有机会就通过电话与家长沟通，进一步改变其教子理念，肯定小军的优点，同时也指出他的不足，希望家长配合监督，经过多次沟通交流，小军的情况有所好转。

可是在期末考试时，却出现了一个突发事件。他的试卷很多题目都空着，很多题目他不是不会做，却说时间不够不想做，竟连作文也没有写。本来可以考90 分以上的试卷，仅得了 56 分。这个成绩如果给家长看到肯定会是一场"狂风暴雨"！听说他的家长还会打孩子的。于是，改出试卷以后，我马上打电话跟他爸爸沟通，把小军期末试卷情况以及小军学习情况详细地进行说明，特别强调不要打孩子,希望他下学期严格要求自己。这次事前的沟通很有好处,家长没有使用武力,孩子回到学校对我非常友好,决定下学期开始好好学习。

(三)行为强化　养成习惯

行为主义认为,人类的行为大部分是通过后天的学习获得的,适应不良行为是错误学习的结果。通过一定的技术手段并加强训练,可以摒除不良行为,重新建立健康的行为方式。小军的行为偏差以及上课调皮捣蛋不学习与同伴交往也有关系。他的同桌就是一个上课爱做小动作、爱讲话的人。于是我便给他换同桌,让他坐在一个安静学生旁边,监督着他,也给他做榜样。同时特别强调,下学期的优秀学生评选可以不计上学期的表现,以下学期为主。只要都能做得好,就有资格评选优秀学生。

第二个学期,小军的表现一直很好,上课认真学习,没有做小动作。作业按时完成,字迹端正。到了期中,为了强化他的良好行为,使之形成习惯,于是利用校报对他进行登校报表扬。校报上表扬的文字如下:"当老师望着你瞪着亮晶晶的大眼睛认真听讲的可爱模样;看着你端坐课桌前工工整整写作业的专注表情;听你琅琅读书的悦耳声音;老师心里有说不出的高兴。这个学期,你就像变了个人,学会了约束自己,把全部心思用在了学习上,你作业认真,学习成绩优秀,作文又写得好!老师真为你骄傲啊!老师期盼着接下来的日子你有更大的进步!"

据小军在意大利学校的同学(也是我们中文学校学生)反映,他对这个登报表扬非常得意,多次在意大利同班同学面前炫耀呢!我很欣慰,第二个学期,小军表现一直非常好,不良行为没有反复。赢得了同学的信任,学期结束终于如愿评上了优秀学生,获得了二等奖学金。

三、总结和反思

经过一年的努力,该生的转化取得了良好的效果,让老师我觉得很有成就感,家长非常感激,孩子也非常感激老师,一直说,老师你暑假上哪个班级,我就跟你上哪个班级。(在佛罗伦萨中文学校,暑期还有一个月的辅导班,让学生自主报名自愿参加的)小军这个个案的成功,主要在于以下几个方面:

(一)以积极心理学理念为导向

小军的个案验证了德国教育家第斯多惠的那句话——"教学艺术的本质不在于传授本领,而是激励、唤醒与鼓舞。"这个个案的成功,也是积极心理学理念在教育实践中的成功。对于本案例,我一直坚持用积极心理学的理念,关心学生的优秀品质和美好心灵，用一种积极的心态来对小军的心理问题作出新的解读，并以此来激发其自身所固有的某些实际的或潜在的积极品质和积极力量，并遵循着以下原则：转变不是修复受损部分，而是培育人类最好的正向力量；对积极的力量培育与强化来取代个案的缺陷修补；发挥他正向或积极的潜能等，从而使小军能顺利地抵达属于自己的幸福彼岸。

（二）辅导方法针对性强

苏霍姆林斯基说过："每个孩子都是一个完全特殊的、独一无二的世界。"作为教师，要善于发现每个学生的不同个性，精心呵护这些生命，走进他们独特的个性世界，让每一个学生都享受到爱的阳光雨露，在温暖、滋润的环境中茁壮成长。而不应事事单一，处处划一，时时统一，实行简单的一个法子、一个模样、一个答案，导致千教一法、千人一面、千篇一律。而"千篇一律就等于毁灭"。老师要正视学生的差异，保护学生的自尊，在尊重的基础上毫不吝啬地赞美，让学生体验到老师对他的关注。学生被赏识的心理一旦得到满足，就会产生一种向上的动力，进而会全面审视自己，意识到自己的不足。同时，也较能接受别人的意见并逐渐完善自己。

"欣赏者心中有朝霞、露珠和长年盛开的花朵，漠视者冰结心城，丛山荒芜。"真教育是心心相印的活动，只有从心出发，才能打动人心。

（三）家校合作：学校主导　家庭辅助

本案例的成功，让我觉得社会支持系统对治疗也是非常重要的。特别是家庭的作用不可低估。学校老师一定要把家长争取过来当同盟军。真诚沟通、树立信心。

虽然，本案例没有用非常专业的心理治疗方法，在特定的时间内对其进行专业辅导，但正因为是任课老师、是班主任老师做的个案，是一整年的坚持，我觉得在学校中应该更有推广意义，所以特地把它写出来，希望能给老师们和班主任们以启发。

参考文献：

[1] George W.Burns主编，高隽译.积极心理治疗案例[M]北京：中国轻工业出版社，2012.

[2] 郭念锋.心理咨询师（二级）（三级）[M]北京：民族出版社，2005.

[3] 许又新.神经症[M]北京：人民卫生出版社，1993.

[4] 徐光兴.学校心理咨询优秀案例集[M]上海：上海教育出版社，2000.

[5]Raymond G Miltenberger．石林译．行为矫正——原理与方法（第三版）[M]北京：中国轻工业出版社，2004．

[6]江光荣．心理咨询与治疗修订版[M]．合肥：安徽人民出版社，2001．

[7]艾伦·E·艾维和玛丽·布莱福德·艾维著．时志宏，高秀苹译．心理咨询的技巧和策略——意向性会谈和咨询（第5版）[M]．上海：上海科学院出版社，2005．

[8]刘华山．学校心理辅导[M]．合肥：安徽人民出版社，1998．

[9]吴增强．现代学校心理辅导[M]．上海：上海科学技术文献出版社，1998．

案例二：与学生沟通书信

在第三单元考试时，小胡（化名）为了班级一位学习成绩很差的学生，特地想跟他一起坐，想让他偷看，结果我不同意，要求他坐回自己的位置。不然不给试卷、不让考试。最后他终于走回自己的位置，可是那次的考试他竟然不写一个字，交了白卷。晚上回去改好试卷以后，我总也睡不着，于是凌晨起来给他写了一封信。

小胡：

你好！

很奇怪吧，老师会给你写信！

其实，我早就想和你好好谈谈了，可是没有时间！这里也不像国内可以把你们留下来说说话。所以有很多话，我都没有机会跟你说。

你是一个有个性的孩子，你有自己的想法，也有领导能力，学习也不错，我一开始就是很欣赏你的。当校长批评你扣你分数的时候，我觉得要保护你，于是向校长承认是我的过错，我的本意很简单，就是要让你们好好学习，好好做人。可是，你现在的表现让我很伤心、很无助！昨天改了试卷以后已经快一点钟了，可我还是久久不能入睡。

我学习心理学时，有个老师曾经跟我说，孩子是没有问题的，一切的问题都在于大人！还说，你们要用爱看进孩子的心里！我一直想这么做的！我也一直想用我的爱让你们好好学习，可是，我没有成功！我也在反思我的责任在哪里？

你知道吗？老师真心的希望你能健康成长，不仅仅是学点知识，还要学会怎么做人，后者比前者更重要！每次当我批评你时，我同时一直在看你的优点！

比如，你昨天想跟程大义坐在一起，是不是想让他抄呢？如果是，我想这应该是出于朋友义气！你对他说不要走，他很听你的话，说明你在同学中很有威信，后来你宁愿自己坐回去也不让他走，这是你的能担当！我知道你不写试卷是向老师抗议。我也尊重你。如果是以前，我可能会把你揪到校长那里，然后叫家长，呵呵，那就会伤害到你的自尊。但也可能具有威慑力。但我不能这么做，我怕对你们成长有影响，所以，我跟你们家长通电话时，也是会表扬你们的优点的。就像昨天我也还是要表扬你虽然自己没写，但能坚持坐完一节课，这还是很有毅力的！每天意大利学校上完课，还要来中文学校上，也是很辛苦的，但你能坚持来上课，既需要毅力也是孝顺父母的表现（我猜肯定是他们让你来上课的吧）。如果这种毅力用在学习上，用在做事上，积极向上，那肯定是另一番可喜的景致！老师真的很希望看到一个朝气蓬勃，健康积极向上的少年啊！那就是社会的栋梁之材啊！

  还有，老师想跟你商量个事：这个学期我们经历过这么几个班长，可是都不理想，我还想请你站出来，下学期担任正班长，重新安排座位，把我们这个班级管理好，老师觉得只有你才有这个能力。你能同意吗？其实，我们班级每个同学都是可爱的，虽然有的学习成绩不好，但做人比学习成绩更重要。这是老师经常跟你们说的，努力比结果重要，只要你坚持努力了，你迟早会成功的。写到这里，老师想到一个故事：说有一对双胞胎兄弟，同时进入高考考场。结果，哥哥收到了大学录取通知书，弟弟则以两分之差名落孙山。兄弟俩长相酷似，性格各异。哥哥忠诚敦厚，弟弟活泼机灵；哥哥拙于言词，弟弟口若悬河。哥哥拿着大学录取通知书，面对贫病交加的父母默默无语；弟弟关在房里不吃不喝，长吁短叹"天公无眼识良才"。愁眉不展的老爸默思了两通宵，终于眨巴着眼睛向大儿子开口了："让给弟弟去读书吧，他天生是个读书的料。"哥哥把大学录取通知书送到弟弟手中，并在弟弟身旁说了这么一句话："这不是走进天堂的门票，别把太多的希望放在它的上面。"弟弟不解，问："那你说这是什么？"哥哥答："一张吸水纸，专吸汗水的纸！"弟弟摇着头，笑哥哥尽说傻话。开学了，弟弟背着行囊走进了大都市的高等学府。哥哥则让体弱多病的老爸从镇办水泥厂回家养病，自己顶上，站在碎石机旁，拿起了沉重的钢钎……碎石机上，有斑斑血迹。这台机子上，曾有多名工人轧断了手指。哥哥打走上这个岗位的第一天起，就在做一个美丽的梦。他花了三个月的时间，对机身进行了技术改造，既提高了碎石质量，又提高了安全系数。厂长把他调进了烧成车间。烧成车间灰雾弥天，不少人得了肺病。他同几个技术骨干一起，殚精竭虑，苦心钻研，改善了车间的环保设施。厂长把他调进了科研实验室。在实验室，他博览群书，多次到各厂求经问道，反复实验，经过一次又一次的创新实验，使水泥质量大大提高，为厂里推出了新的品牌产品，水泥畅销华南几省。再之后，他便成为全市建材工业界的名人……弟弟进入了大学后，第一年还像读书的样子，也写过几封信问老爸的病；第二年，认识了一个大款的女儿，就双双坠入爱河，那女孩成了他取之不尽、用之不竭的钱包。整整两年他没向家中要过一分钱，却通身脱土变洋，"帅呆"、"酷毙"了。进入大四后，那女孩跟他"拜拜"了，他便整个儿陷入了"青春苦闷期"。泡吧，上网，无心读书，考试靠作弊混得了大学毕业文凭。他像一只苍蝇飞了一个圈子又回到家乡所在城市求职。他还有那么一点羞耻感，不愿在落魄的时候回家见父母。经市人才中心介绍，他到一家响当当的建材制品公司应聘。好不容易闯过了三关，最后是在公司老总的办公室里答辩。轮到他答辩时，老总迟迟不露面。最后秘书来了，告诉他已被录用。不过必须先到车间当工人。他感到委屈，要求一定要见老总。秘书递给他一张纸条，他展开一看，上书八个大字："欲上天堂，先下地狱。"

今天还要上课，没时间了，就先写到这里。老师很希望能收到你的回信，你能给我回信吗？谈谈你的想法，好吗？

陈秀娟

2013年12月19日凌晨3点

虽然小胡没有回信，但我发现此信给他触动很大，此后，他收敛了好多，跟我说自己要好好学习了。

第四章 意大利华裔中学生家庭环境、父母教养方式与心理健康的关系研究

摘要： 本研究为了探讨意大利华裔中学生家庭环境、家庭教养方式和心理健康之间的关系以及学生的家庭环境、家庭教养方式和心理健康在性别上的差异。本研究采用家庭环境量表（FES—CV）、父母教养方式量表（EMBU）和中小学生心理健康量表（MHT），对意大利佛罗伦萨中文学校的所有中学生的家庭环境和心理健康进行研究。发放问卷132份，回收132份，有效问卷112份，有效回收率84.85%。调查结果表明：1.意大利华裔中学生心理健康总体情况良好；2.意大利华裔中学生的家庭环境、家庭教养方式和心理健康在性别上有差异；3.意大利华裔中学生的家庭环境、家庭教养方式与其心理健康水平在父母亲文化水平上有显著差异；4.相关分析的结果表明，意大利华裔中学生的家庭环境各因子与心理健康各因子存在各种相关；父母教养方式各因子与心理健康各因子也存在各种相关。

关键词： 华裔中学生；家庭环境；父母教养方式；心理健康

一、前言

2013年9月，本人作为国侨办外派教师到意大利佛罗伦萨中文学校支教。通过一个多学期的接触，发现这里的孩子与国内的孩子有很大的不同。意大利佛罗伦萨的华裔子女（其他国家华裔子女大都一样）一般都在上两类学校，一是意大利（即本地国家的）的全日制学校，另一个就是中文学校。意大利学校中学下午没课，小学上到下午4点多，中文学校上课时间是下午3点半到6点半，共两个班，中学生上下午3点半到5点的班级；小学生上下午5点到6点半的班级。近年来，国内随着社会的发展和竞争的日益激烈，人们越来越多的开始关注心理健康的问题，特别是对普通中小学生的心理健康教育，正在如火如荼地开展着。比如各级各类学校不仅配备了相应的教材，而且还把心理健康教育课程安排进入了学校的课表，许多学校还设立了心理咨询室，配备了专（兼）职心理教师。据了解，这里不管是意大利全日制学校还是中文学校都没有进行显现的心理健康课堂教育。美国心理学会《家庭心理杂志》编辑，纽约圣法兰西斯大学跨文化心理研究所主任乌韦·吉伦表示，随着华裔人口剧增，研究华人移民家庭以及华裔子女心理健康的议题，越来越重要。他说："华裔青少年心理问题被他们优秀的学习成绩掩盖了，没有受到足够的重视。"那么这些华裔子女的心理健康情况到底怎样？这些华侨的家庭教养方式以及家庭环境到底如何呢？带着这个问题，我对佛罗伦萨中文学校的所有中学生进行了一次问卷调查。由于小学生的中文程度还太低，难以理解调查问卷内容，所以只选择中学生进行调查。

二、研究方法

（一）研究对象

本研究对意大利佛罗伦萨中文学校8个班级132名所有中学生进行问卷调查，最后得到有效问卷112份，其中女生59人，男生53人，有效回收率84.85%。

（二）研究工具

1. 家庭环境量表（FES—CV）

该量表[1]由费立鹏等人于1991年在美国心理学家MossR.H.编制的"家庭环

---

[1] 汪向东，王希林，马弘.心理卫生评定量表手册[J].中国心理卫生杂志，1999，（S1）：267-275.

境量表（FES）"的基础上修订改写而成。该量表含有10个分量表，分别评价10个不同的家庭社会和环境特征：（1）亲密度；（2）情感表达；（3）矛盾性；（4）独立性；（5）成功性；（6）知识性；（7）娱乐性；（8）道德宗教观；（9）组织性；（10）控制性。

2. 父母教养方式量表（EMBU）

该量表[①]1980年由瑞典Umea大学精神医学系PerrisC等人共同编制，用以评价父母教养态度和行为的问卷。1993年由岳冬梅等人修订为中文版。父亲量表包含6个因子，母亲量表包含5个因子，分别是情感温暖、理解因子，过分干涉、过保护因子，拒绝、否认因子，惩罚、严厉因子和偏爱被试因子。

3. 中小学生心理健康量表（MHT）

该量表[②]是我国心理学工作者根据日本铃木清等人编制的《中小学生不安倾向诊断测验》修订而成的，可用于综合检测中小学生的心理健康状况。量表在全国二十多个省市（除港、澳、台之外）几千所中小学得到了广泛使用，普遍认为符合测量学的要求，信度和效度高，科学性、实用性、操作性强，是全国较好的心理测量工具之一。本测验共有100个项目，在这100个项目中含有八个内容量表和一个效度量表（即测谎量表）。八个内容量表分别是：学习焦虑、社交焦虑（对人焦虑）、孤独倾向、自责倾向、过敏倾向、身体症状、恐怖倾向、冲动倾向等。每个项目后面有"是"和"否"两个答案，要求被试者根据自己的真实情况进行选择。

（三）研究程序

挑选意大利佛罗伦萨中文学校所有中学生共8个班级进行问卷，问卷由班主任老师统一发放，在课堂上统一作答，用时一个下午一节课（这里一节课90分钟），课后当场回收。

（四）数据统计与分析

采用SPSS18.0软件包对数据进行统计分析，所采用的统计方法是描述统计、T检验、F检验、相关分析等，$P<0.05$为显著性差异，$P<0.01$为非常显著性差异。

[①] 汪向东，王希林，马弘. 心理卫生评定量表手册[J]. 中国心理卫生杂志，1999，（S1）：267-275.

[②] 雨帆. 心理测试[M]. 上海：文汇出版社，2008年6月版，P236-242.

三、结果与分析

（一）意大利华裔中学生家庭环境、父母教养方式和心理健康各维度描述统计

表1 意大利华裔中学生家庭环境、父母教养方式和心理健康各维度水平描述统计

	人数	极小值	极大值	均值	标准差
学习焦虑	112	1.00	14.00	7.8125	3.29764
对人焦虑	112	.00	10.00	5.1607	2.31156
孤独倾向	112	.00	8.00	3.3393	1.91980
自责倾向	112	.00	10.00	5.8929	2.70920
过敏倾向	112	.00	10.00	5.8750	2.07136
身体症状	112	.00	13.00	5.5893	2.70653
恐怖倾向	112	.00	10.00	3.5357	2.37452
冲动倾向	112	.00	10.00	3.4911	2.39743
亲密度	112	.00	8.00	5.4196	2.15874
情感表达	112	−5.00	3.00	−1.1964	1.71816
矛盾性	112	.00	9.00	3.0625	2.17389
独立性	112	.00	8.00	4.1429	1.51186
成功性	112	1.00	9.00	5.5893	1.56282
文化性	112	.00	8.00	3.6786	1.85129
娱乐性	112	.00	9.00	3.3482	2.15486
道德宗教观	112	2.00	9.00	5.2500	1.34566
组织性	112	.00	8.00	5.4107	2.01147
控制性	112	.00	8.00	3.6429	1.84955
F 情感温暖、理解	112	19.00	64.00	41.5893	9.26833
F 惩罚、严厉	112	11.00	37.00	18.5714	5.31311
F 过分干涉	112	10.00	31.00	18.4375	3.70726
F 偏爱被试	112	.00	20.00	8.8304	3.65121
F 拒绝、否认	112	6.00	21.00	9.4018	2.77849
F 过度保护	112	5.00	18.00	10.4286	2.63625
M 情感温暖、理解	112	24.00	68.00	44.4286	9.99974
M 惩罚、严厉	112	9.00	35.00	13.5982	4.62749
M 过分干涉过度保护	112	19.00	47.00	32.4107	6.51478
M 偏爱被试	112	1.00	17.00	9.4375	3.10124
M 拒绝、否认	112	8.00	28.00	13.2232	4.30527

（F为父亲的；M为母亲的）

由表1可知,意大利华裔中学生心理健康总体情况良好。其8个分量表均值都小于8,数值最大的是学习焦虑为7.81,最小的是孤独倾向为3.39。与国内中学生相比没有统计意义上的差异。家庭环境量表中,成功性得分最高,均分5.59;情感表达最低,均分为-1.20;家庭环境评分表中有个划界标准,它有低分、中等与高分的区别,与其相比亲密度、情感表达、成功性、文化性、娱乐性和组织性属于低分,特别是情感表达均分比低分的0分还低,是负值。矛盾、独立、道德宗教观和控制性是中等分数。父母教养方式中情感温暖、理解得分最高,父亲情感温暖、理解均分为41.59分,母亲情感温暖、理解均分为44.43分,偏爱被试得分最低,父亲的为8.83;母亲的为9.44。

(二)意大利华裔中学生家庭环境、父母教养方式和心理健康的性别差异

表2 意大利华裔中学生家庭环境、父母教养方式和心理健康的性别差异

变量	男性(n=53)		女性(n=59)		t
	平均数	标准差	平均数	标准差	
亲密度	5.5849	1.95560	5.2712	2.33290	0.766
情感表达	-1.3396	1.88050	-1.0678	1.56320	0.835
矛盾性	2.6792	2.12832	3.4068	2.17445	-1.786
独立性	3.9057	1.65558	4.3559	1.34885	-1.584
成功性	5.6981	1.50109	5.4915	1.62282	-0.697
文化性	3.4151	1.91586	3.9153	1.77422	-1.434
娱乐性	3.4528	2.32516	3.2542	2.00511	0.485
道德宗教观	5.0000	1.42775	5.4746	1.23674	-1.885
组织性	5.9623	1.88069	4.9153	2.01107	2.836**
控制性	3.8491	1.82289	3.4576	1.86919	1.120
F1 情感温暖、理解	43.0566	9.71204	40.2712	8.72339	1.599
F2 惩罚、严厉	18.1132	5.51453	18.9831	5.13773	-0.864
F3 过分干涉	19.1321	3.70051	17.8136	3.63164	1.901
F4 偏爱被试	8.4906	4.18157	8.4906	4.18157	-0.933
F5 拒绝、否认	9.3585	2.78798	9.4407	2.79329	-0.156
F6 过度保护	10.2453	2.51844	10.5932	2.74878	-0.696
M1 情感温暖、理解	44.8679	10.61211	44.0339	9.49041	0.439
M2 惩罚、严厉	12.9623	4.37634	14.1695	4.80715	-1.384
M3 过分干涉保护	32.3774	6.30698	32.4407	6.74989	-0.051

(续表)

M4 偏爱被试	9.0755	3.37325	9.7627	2.82439	−1.173
M5 拒绝、否认	12.8679	4.00499	13.5424	4.56872	−0.827
学习焦虑	7.2075	3.52659	8.3559	3.00438	−1.860
对人焦虑	4.4717	2.25835	5.7797	2.19771	−3.104**
孤独倾向	3.2453	1.86986	3.4237	1.97574	0.489
自责倾向	5.4717	2.50080	6.2712	2.85168	−1.570
过敏倾向	5.5283	2.12679	6.1864	1.98681	−1.693
身体症状	5.1509	2.74840	5.9831	2.62935	−1.637
恐怖倾向	2.5849	1.91586	4.3898	2.43549	−4.325***
冲动倾向	2.9811	2.39784	3.9492	2.32248	−2.169*

注：*P<0.05，**P<0.01，***P<0.001，F 表示父亲维度；M 表示母亲的维度，下同。

由表2可知，家庭环境量表10个维度上，男女间只有组织性有差异，其余纬度都没有差异。在心理健康量表上，其对人焦虑、恐怖、冲动倾向维度上，女性都高于男性，男女间有显著差异，其他6个纬度男女间在统计意义上都没有差异；而在家庭教养方式量表上，男女间都没有差异。

（三）意大利华裔中学生家庭环境、父母教养方式和心理健康的年龄差异

意大利华裔中学生家庭环境、父母教养方式和心理健康三个量表在年龄上都没有统计意义上的显著差异。

（四）意大利华裔中学生家庭环境、父母教养方式和心理健康的父亲文化差异

意大利华裔中学生家庭环境、父母教养方式和心理健康各量表在父亲文化程度上只有以下7个维度有显著差异，如下表3。

表3 意大利华裔中学生家庭环境、父母教养方式和心理健康的父亲文化差异

		平方和	df	均方	F	显著性
M 拒绝、否认	组间	149.250	3	49.750	2.816	.043
M 惩罚、严厉	组间	168.640	3	56.213	2.749	.046
F 拒绝、否认	组间	75.543	3	25.181	3.480	.018
F 惩罚、严厉	组间	227.060	3	75.687	2.812	.043
娱乐性	组间	89.131	3	29.710	7.527	.000
文化性	组间	50.075	3	16.692	5.457	.002
学习焦虑	组间	117.807	3	39.269	3.894	.011

（五）意大利华裔中学生家庭环境、父母教养方式和心理健康的母亲文化差异

意大利华裔中学生家庭环境、父母教养方式和心理健康各量表在母亲文化程度上只有以下4个维度有显著差异，如下表4。

表4 意大利华裔中学生家庭环境、父母教养方式和心理健康的父亲文化差异

		平方和	df	均方	F	显著性
文化性	组间	30.810	3	10.270	3.173	.027
情感表达	组间	27.139	3	9.046	3.251	.025
自责倾向	组间	82.396	3	27.465	4.051	.009
学习焦虑	组间	113.916	3	37.972	3.752	.013

（六）意大利华裔中学生家庭环境、父母教养方式和心理健康的关系

意大利华裔中学生家庭环境、父母教养方式和心理健康的相关性如表5所示。（转下页）

表 5 意大利华裔中学生家庭环境、父母教养方式和心理健康的关系

	M1	M2	M3	M4	M5	亲密度	情感表达	矛盾性	独立性	成功性	文化性	娱乐性	道德宗教观	组织性	控制性
F1	.922***	-.233*	.266**	.396***	-.189***	.519***	-.277***	-.386***	-.185	.225*	.326***	.351***	.076	.352***	.098
F2	-.192***	.818***	.473***	.015	.711***	-.345***	-.120	.555***	.138	.014	-.035	-.154	.081	-.053	.271**
F3	.228*	.309**	.675***	.192***	.349***	.026	-.319***	.200*	-.031	.066	.069	.083	-.053	.238*	.231*
F4	.257**	.073	.235*	.848***	-.041	-.045	-.132	-.011	-.198*	.003	.029	.018	-.048	-.145	.024
F5	-.245***	.704***	.433***	-.112	.762***	-.297***	-.098	.551***	.237*	.092	-.187*	-.185	-.037	.069	.203*
F6	.332***	.322***	.667***	.268**	.388***	.044	-.126	.030	-.176	.126	.023	-.036	.033	.148	.133
M1	1	-.271**	.323**	.435***	-.213*	.517***	-.296***	-.383***	-.185	.248**	.404***	.424***	.161	.362***	.119
M2	-.271**	1	.446***	-.006	.781***	-.425***	-.088	.499***	.163	.016	-.120	-.206*	-.033	-.069	.166
M3	.323**	.446***	1	.292**	.572***	-.164	-.348***	.228*	-.137	.121	.142	.040	.044	.210*	.326***
M4	.435***	-.006	.292**	1	-.072	.114	-.154	-.170	-.194*	.095	.113	.144	-.003	-.042	.016
M5	-.213*	.781***	.572***	-.072	1	-.421***	-.137	.478***	.179	.041	-.127	-.232***	-.016	.006	.148
亲密度	.517***	-.425***	-.164	.114	-.421***	1	-.116	-.583***	-.082	.287**	.386***	.394***	.227*	.398***	-.082
情感表达	-.296***	-.088	-.348***	-.154	-.137	-.116	1	-.040	-.135	-.134	-.193*	-.118	-.111	-.120	-.068
矛盾性	-.383***	.499***	.228*	-.170	.478***	-.583***	-.040	1	.241*	-.069	-.134	-.245**	-.125	-.224**	.075
独立性	-.185	.163	-.137	-.194*	.179	-.082	-.135	.241*	1	-.086	-.057	.167	-.155	.010	-.130
成功性	.248*	.016	.121	.095	.041	.287**	-.134	-.069	-.086	1	.184	.136	.105	.344***	.223**
学习焦虑	.240*	.140	.281**	.254*	.186*	.049	-.375***	-.018	-.098	.072	.160	.125	-.026	.078	.184
对人焦虑	.135	.223**	.240**	.303**	.164	-.073	-.128	.068	-.081	-.024	.254*	.139	.085	-.028	.106
孤独倾向	-.068	.281**	.137	.187*	.241**	-.180	.020	.086	-.011	.002	-.027	-.003	-.092	-.036	.062
自责倾向	.152	.237*	.266**	.105	.267**	.066	-.235*	-.097	-.027	.100	.201*	.074	.287**	.066	.138
过敏倾向	.186*	.106	.233*	.163	.190*	.084	-.131	-.112	-.075	.098	.182	.093	.202*	.114	.139
身体症状	.143	.290**	.374***	.224**	.272**	-.152	-.190*	.007	-.155	.024	.184	.170	.108	-.085	.231*
恐怖倾向	.127	.208*	.205*	.211*	.177	-.037	-.078	.021	-.152	-.052	.091	-.065	.158	-.039	.149
冲动倾向	.027	.290**	.225**	.081	.263**	-.113	-.081	.196*	.028	.030	.117	.069	.068	.047	.054

注: * P<0.05, ** P<0.01, *** P<0.001

由表 5 可知，意大利华裔中学生的家庭环境各因子与心理健康各因子存在各种相关；父母教养方式各因子与心理健康各因子也存在各种相关。

四、讨论

（一）意大利华裔中学生家庭环境、父母教养方式和心理健康现状分析

由研究得知，意大利华裔中学生心理健康总体情况良好。其 8 个分量表均值都小于 8，数值最大的是学习焦虑为 7.81，最小的是孤独倾向为 3.39。与国内中学生相比没有统计意义上的差异。据了解，这里的华裔中学生意大利和中文学校都有作业，学习压力比较重，特别是那些中文基础不好的学生，想取得好成绩就有着很大的学习压力。家庭环境量表中，家庭环境评分表中有个划界标准，它有低分、中等与高分的区别，与其相比意大利华裔中学生其亲密度、情感表达、成功性、文化性、娱乐性和组织性属于低分，特别是情感表达均分比低分的 0 分还低，是负值，均分为 -1.20；矛盾、独立、道德宗教观和控制性是中等分数。这些调查数据也说明了很多问题，这些从国内出来的华侨，每个家庭都忙于做工或做生意赚钱，跟子女相处的时间很少，有个别的孩子整天都见不到父母，父母回来他们已经睡觉了，父母出去时他们还没起床，所以，作为子女很难感受到父母的亲密、情感表达；父母更没有时间带他们出去娱乐和参加文化活动，这些结果是符合这里的实际情况的；这些华侨虽然是在国外生活，但作为中国人，作为龙的传人，他们还是不像外国人那样会表达感情，还是内敛的，羞于对孩子说爱他们，也缺少肌肤接触的。父母教养方式中情感温暖、理解得分最高，父亲情感温暖、理解均分为 41.59 分，母亲情感温暖、理解均分为 44.43 分，偏爱被试得分最低，父亲的为 8.83；母亲的为 9.44。看来在多子女家庭中，每个孩子都觉得自己是不受父母偏爱的，这点应该引起家庭教育的重视，希望以后在家庭教育中多让孩子感受到父母所付出的爱。

（二）意大利华裔中学生家庭环境、父母教养方式和心理健康的性别差异分析

意大利华裔中学生在家庭环境量表上男女只有组织性维度有显著性差异，其余维度都没有差异；在心理健康量表上，在其对人焦虑、恐怖、冲动倾向维度上，女性都高于男性，男女间有显著差异，其他 6 个维度男女间在统计意义上都没有差异；但是从数值上看，都是女生高于男生。以上的种种可能与这里的家庭结构有关系，据了解，这里的家庭没有计划生育的限制，每个家庭都有 2 到 4 个孩子，

有的甚至更多，而且一个家庭最少要一个男孩，可见这里的家庭还是重男轻女的，对男女性别角色期待会不同，男孩会感受到更多的重视与尊重，造成男女性格也会有差异，女孩更敏感、细心、多计较、小心眼，致使在心理健康量表上，女性分数都会高于男性，在对人焦虑、恐怖、冲动倾向维度上，男女间有显著差异，所以，在国外，对华裔子女的教育中我们更要加强对女孩子的心理健康教育。

在父母教养方式上，男女生都不存在显著性别差异。但本研究进一步的分析发现：在父母积极教养方式上，女生得分均高于男生，在消极教养方式上，男生得分均高于女生。研究说明：父母针对男女差异分别采取了不同的教养方式。男生之所以感受到父母负性的教养方式多于女生，原因在于男生天性较女生好动、不服管教、大胆、调皮、易惹祸，尤其在进入青春期以后更具反抗性，更要求独立和自由，更可能出现各种外显的逆反行为和问题行为，因此，更容易发生一些违犯父母规定和家庭规则的事情，更可能引起父母的负性反应，因而父母对男孩的行为有更多的限制、干涉和约束，对他们更多地采取惩罚严厉、拒绝否认等消极的教养方式，导致他们体验到较多的父母教养方式中负性教养行为。女孩一般比较柔弱、害羞、内向、文静，也比较听从父母，她们出现违规行为的可能性较少，所以引起父母负性反应的可能性也相应减少，父母对女孩更温柔、宽容，女孩得到父母的疼爱也较多。女生相对而言更喜欢与父母交谈或一起进行其他活动，在亲子关系中更为主动积极，外显的问题行为也少于男生，这使得父母对她们也更为放心，约束相应就比较少，所以父母对女孩采取更多的情感温暖与理解的教养方式。同时，在国外的华侨，继承了中国传统社会对男女要求的不同，要求男子刚强、独立、事业有成，对男子有强烈的成就期望；而社会对女子则要求温柔善良、依赖顺从、富有同情心、相夫教子、做贤妻良母。由于受中国传统文化的影响，父母更盼望男孩长大后能够出人头地，当前国外激烈的社会竞争也使父母不得不对男孩的要求进一步提升，因而对男孩的教育更为严格，父母对男生的期望更高，要求更多，而对女生则相对更宽容、慈爱些。

（三）意大利华裔中学生家庭环境、父母教养方式和心理健康的父母亲文化差异分析

本次调查的所有中学生，其父母文化程度是这样的：父亲大学毕业 8 人；占 7.1%；高中 24 人，占 21.4%；初中 57 人，占 50.9%；小学 23 人，占 20.5%；高中以上仅占 28.6%；初中以下占 71.4%；母亲的文化程度也类似，大学毕业 9 人；占 8.0%；高中 15 人，占 13.4%；初中 62 人，占 55.4%；小学 26 人，占

23.2%；高中以上仅占21.4%；比父亲的更少；初中以下占78.6%；比父亲的更多。据研究，我们发现父亲的文化程度对拒绝否认、惩罚严厉、文化性、娱乐性、学习焦虑等维度有显著差异；母亲的文化程度对文化、情感表达、自责、学习焦虑有显著差异。依常理推断，父母文化水平的高低，在一定程度上影响了父母与子女的沟通、父母对子女的教育与辅导、家庭气氛的建立、家庭活动的安排等等，文化程度越高会越理想，本研究也证实了这一点。但父母的文化水平对家庭环境的哪些因子产生直接的影响，又是如何发生作用从而影响子女的心理健康水平的，这有待于进一步研究。

另有研究也发现，父母文化程度低的家庭，其子女问题行为的发生率高[①]。父母的受教育程度是影响父母教养方式的因素之一。本研究结果也证实了这一点，不同文化程度的父母对子女的教养方式是有明显差异的，尤其是不同文化程度的母亲，对子女的教养方式有着相当显著的区别。受教育程度高的母亲，倾向于给予更多的尊重、理解，她们对孩子不进行过多的干涉，对于严厉、惩罚等消极方式的运用极为慎重。受教育程度低的母亲，就越容易对子女采取过度保护、过度干涉、惩罚、严厉或是偏爱等消极的教养方式。她们有的对子女的一切包括生活、学习、交友等各方面都过分干预和苛求，使子女无所适从，其结果将导致子女缺乏独立性，自卑易怒，人际交往能力、社会适应能力差；有的对子女过分溺爱、放纵，或是采取打骂、惩罚等等简单、粗暴的方式，即便是子女面临困难时也得不到父母的主动支持和帮助，长期下去，使子女逐渐萌生焦虑、敌对或是恐惧等等，同家长的情感也越来越疏远，子女想摆脱父母的心理逐渐增强，这样不健康的教养方式很容易使子女产生异常心理。同时，父母亲在对男女生的教养方式上也有区别，可能由于母亲与女儿性别相同，对女儿会给予更多的温暖与理解；相对儿子而言，父母亲对女儿都会表现出更多的干涉与保护，生怕女儿受到伤害。

（三）意大利华裔中学生家庭环境、父母教养方式和心理健康的相关分析

本研究统计结果显示，家庭环境与意大利华裔中学生心理健康之间存在显著相关，父母教养方式与意大利华裔中学生心理健康之间也存在显著相关，这些相关分析都有助于探明他们的内在关系。由表5可知，不同的家庭环境量表因子与

---

① 霍金芝，袁德林.家庭环境是影响儿童青少年心理行为的重要因素[J].中国校医，1995（1）：72—74.

心理健康各因子存在选择性的关联，说明不同的家庭环境特征与某些心理症状的形成有着内在的联系。其中，亲密度、情感表达、文化性、娱乐性、组织性与心理健康量表中的某些因子存在显著负相关，矛盾性因子与心理健康各因子均存在显著正相关。由此可见，如果家庭成员相互之间缺乏关心、帮助和支持，家庭成员之间很少公开活动，很少进行情感交流、沟通与表达，家庭成员文化性差，家庭成员很少参加娱乐活动和社交活动，家庭活动缺乏一定的计划性和组织性，家庭中成员之间存在矛盾，而一系列矛盾又无法解决，这样家庭中的学生容易出现心理不平衡，从而诱发各种心理问题的产生，如出现人际关系不良、抑郁、焦虑、敌对、恐怖、偏执等各种心理症状，进而影响学生的心理健康。其中，尤其是家庭矛盾性这一特征产生的影响最为明显，矛盾性因子与心理健康各因子均存在显著的正相关关系。这一研究结论提示我们，要重视家庭环境在学生心理健康中所发挥的重要作用。从家庭环境特征与学生心理健康问题两方面入手，一方面要从整体上改善家庭环境，增强家庭凝聚力，使家庭的功能优化，具体而言，就是家庭成员之间应加强沟通与交流，相互关心、爱护与帮助，家庭生活要有一定的组织性和计划性，丰富家庭的文化娱乐活动，避免家庭矛盾与冲突的发生；另一方面，因为不同心理问题的产生有其不同的家庭原因，所以在发挥家庭的治疗作用时，要根据学生不同的心理问题，寻找造成心理症状的主要家庭环境特征，并以改善这一家庭环境特征入手，这样解决问题就具有一定的针对性，也容易见效。

父母教养方式是影响子女健康成长的重要因素。本研究中父母教养方式与华裔中学生心理健康的相关结果显示，父母给子女情感温暖、理解越多，子女出现心理问题的可能性越小，而对子女采取不当的教养方式和表达负性情感越多，越会增大子女出现心理和行为问题的可能性。父母经常以惩罚为手段，对子女很严厉，子女往往容易产生抵触、不满、敌对、偏执等情绪；父母长期的拒绝否认，则容易伤害子女的自尊，诱发自卑、敌对、焦虑，甚至产生抑郁情绪；父母的过度干涉与保护，会使子女缺乏主见、自卑易怒，抑制了他们能力的发展。再说中学时期是一个人心理成长的重要阶段，同时也是一个人身心发生巨大变化的重要时期，是一个人能否顺利完成青春期的调适、步入社会的关键时期。这时候中学生与父母之间的关系也发生了微妙的变化，表现在情感上对父母的依恋不如以前亲密；行为上反对父母的干涉和控制；观点上喜欢自己分析和判断，不愿接受现成的观念和规范。因此，与父母意见常常不一致，父母的榜样作用削弱，这样给父母提出了很多教养方式上的新问题，如果不能及时采取新的有效的教养方式就容易使亲子之间矛盾重重。对中学生的家庭调查发现，父母教养方式的不同，对子女的心理健康的影响也是不同的。一些父母对子女缺少爱心、理解、支持与关注，忽视对子女精神需要的满足及独立性，甚至把个人的设想强加给子女。父母的冷漠、忽视常常使子女产生无价值感、自卑感、不信任感与不安全感，并在其以后与人交往中表现出紧张、彷徨、犹豫或者退却。一些父母对子女持有一种专制态度。专制的父母对子女要求过于严厉，太多限制，过多的期望。专制的父母常常运用自己的权威，无视子女的权利与自尊。这种专制的教养方式常常会造就顺从型的子女。而顺从型子女有的在与人交往中表现出被动、自卑、独立性差、过分小心等消极的性格品质。有些父母对子女过度保护，这种过度保护虽然使子女体验到父母的关心、爱护，体验了安全感，但在父母"保护伞"的呵护下，子女自身能力的开发往往受到限制，其人格也不能健康发展。总之，父母是子女的第一任也是"任职"时间最长的老师，是子女的"重要他人"。父母的言行举止作为子女的仿效榜样、参照模式和反思借鉴，在子女的成长过程中发挥着持续的示范、导向、催化和校正作用，成功的家庭教育，能够为子女奠定心理健康的基石。因此，父母教养方式对在意华裔中学生的成长是不容忽视的。

五、结论

本研究结果显示：1.意大利华裔中学生心理健康总体情况良好；2.意大利华裔中学生的家庭环境、家庭教养方式和心理健康在性别上有差异；3.意大利华裔中学生的家庭环境、家庭教养方式与其心理健康水平在父母亲文化水平上有显著差异；4.相关分析的结果表明，意大利华裔中学生的家庭环境各因子与心理健康各因子存在各种相关；父母教养方式各因子与心理健康各因子也存在各种相关。

---

①霍金芝，袁德林.家庭环境是影响儿童青少年心理行为的重要因素[J].中国校医，1995（1）：72—74.

第五章 意大利基础教育

意大利非常重视教育事业，把教育看作是发展社会和人类自身的重要条件和动力。为加强意大利的基础教育，在20世纪80年代中期，意大利教育部分为公共教育部和大学及科研部两个部。除基础教育外，艺术教育也归公共教育部管辖。据统计，自1951年至1991年的四十年间，意大利人口的知识结构发生了如下变化：学生人口由6.872百万人增长到10.875百万人，文盲由原来占人口总数的12.9%，下降为3.1%；只具有小学文化的人口，由原来76.9%下降为58.8%；具有初中文化的人口，由原来的占人口总数的5.9%，上升到23.8%；具有高中文化程度的人口，由原来占人口总数的3.3%上升到11.5%；具有大学文化水平的人口，由占总人口的1%上升到2.8%。[①]

意大利的幼儿教育最初是由教会的慈善机构兴办的，多是福利性的。幼儿学校接收的幼儿，大都是穷人家的孩子，或是孤儿。随着工业化的发展和农村的城市化，妇女走出家庭、参加社会工作，幼儿学校的建立和发展成了一种社会发展的需求。这时，幼儿学校由原来仅是一种由教会办的慈善福利机构，转变为进行

[①] 窦庆禄, 意大利教育情况[J]. 比较教育研究, 1996(2).

幼儿早期教育的教育机构。到了20世纪60年代，意大利政府正式立法、颁布法令（1968年3月18日第444号法令），将幼儿学校纳入学校教育体制并建立国立幼儿学校。国立幼儿学校和私立学校互为补充，国立幼儿学校收费比较便宜，私立学校则比国立学校在服务时间上有更大的灵活性，可以方便不同工作时间的职工。

意大利的义务教育开展得很早，1859年，卡萨蒂法就提出实行二年义务教育。二战以后实行八年义务教育，其包括小学五年、初中三年。儿童6岁人学，至14岁为义务教育。现在意大利实行10年义务教育，将义务教育年限延长到16岁，同欧共体国家义务教育年限相一致。

战后，意大利小学教育发展很快。自1951—1952学年至1991—1992学年的统计，小学教育普及率已达98.9%，适龄（6～11岁）儿童几乎全部入学[2]。根据规定，每班学生人数为18人，最多不得超过25人；在有弱智儿童的班级不得超过20名学生。每个教学班级配备三名教师，或三个班级四名教师。教师与学生的比例为1∶15.2。小学开设的课程有：宗教知识（教育法规定，宗教教育为公共教育的基础）、道德教育、文明教育、历史、地理、算术、几何、意大利语、图画、唱歌及手工实践。根据有关法令，天主教宗教课为小学必开课，但为学生选学课程，一年级每周课时为27节，在二年级时增设外国语言课，课时随之增至每周30节。每周上课5～6天。根据学生家长的选择，学生有一天或二天下午参加学校组织的课外活动。小学毕业后不经考试直接进初级中学。小学毕业考试包括语言表达和算术二项笔试和一个口试，口试是同学生进行对话。根据意大利教育部规定，向每个毕业考试合格的小学生颁发一个学生手册。学生毕业时，小学教学主任将学生手册交给学生将要就读的中学，以保证小学教育与初中教育的衔接和连接性。

意大利初级中学为统一的国立中学，主要是教会办的学校，占私立学校的85%，初级中学为义务、免费教育，学制为三年，凭小学毕业证书入学。初级中学为人生观形成、定位、准备阶段，是由儿童向少年过渡的重要时期。这个阶段的教育应适合这个年龄段（11～14岁）的儿童的身心发育特点，其任务是：为学生提供在伦理、社会、智育、情感、操作及创造能力等领域全面发展的机会。

---

[2] 窦庆禄．意大利教育情况[J]．比较教育研究，1996(2)．

学生入学率（1991—1992学年）为108.8%。初级中学取消分数制考试，代之以分析综合评价。三年学习结束之后，学生要通过毕业考试。考试为三项笔试（意大利语、数学和外国语）和一项综合学科的口头考核。对笔试和口头考核的结果给予一个综合性的评价。评价等级分为：优、良、及格和不及格，前三种评价都可以获得毕业。如综合评价为"不及格"，则需重读一年。意大利中考笔试时间是6月13、14、16、19日上午，考后学校老师自己改卷。20日开始面试，到30日结束！面试共考10天，学校校长互换进行监督。

高级中等教育为多渠道培养：读高级中学，继续深造；上职业培训班，为将来就业作准备，直接求职就业。意大利的高级中等学校有五类：1、普通高级中学（包括文、理科）；2、高级中等师范学校；3、技术（高级）中学，4、艺术中学；5、职业（高级）中学。除普通高级中学学制为五年外，其余高级中等学校学制为四年或三年。在高中的五年期间，学生的流失率也是很高的。以1981—1982级学生的五年跟踪统计为例，能读完五年，取得毕业文凭的仅占38.9%。而取得毕业文凭后，注册大学的仅占29.4%。

（一）文科高中。学制为五年，分为两个教学阶段。前二年开设课程有意大利语言文学、拉丁语、希腊语、现代外国语言文学、历史、地理、数学、体育；后三年开设意大利语言文学、拉丁语言文学、希腊语言文学历史、地理、哲学、自然科学、化学、数学、物理、艺术史和体育。

（二）理科高中。学制为五年。原为培养进入大学学习理工科、医科及外科医学专业的学生。自1969年废除大学入学考试，凭高级中学毕业文凭自由注册大学各科专业。教学也分为前二年和后三年两个阶段。课程有意大利语言文学、拉丁语言文学、外国语言文学、历史、地理、哲学（以上课程只在前二年开设）、自然科学、化学、数学、物理、制图和体育。

（三）高级中等师范学校。学制为四年，培养小学教师。毕业之后，可进入大学师范系深造，或再经过一年的学历补修，也可以注册大学其他各科专业，攻读大学本科文凭。学习的课程有：意大利语言文学、拉丁语言文学、外国语（以上课程只在一、二年级开设）、哲学、教育学、心理学、历史、公民学、地理、自然科学、化学、数学、物理、图画、艺术史、音乐、乐器（选修）、体育。

（四）中级师范学校。学制为三年。培养幼儿学校教师。学习课程有意大利语言文学、教育学、历史、地理、数学、自然常识、卫生和合唱、家庭经济和家务劳动、塑造和图画、技能训练。根据1990年通过的教育改革法，未来的中、小学教师都应该是完成四年大学专门课程的大学毕业生。

（五）技术高中。培养在农业、工业、商业领域里的某些职业技能、技术和管理才能。比如，葡萄种植技术、葡萄酒的酿造和储存技术；商业管理、市场预测、外贸外语；旅游等。根据劳动市场的需求开设有关课程。

（六）职业高中。学制为三年。目标是培训初级熟练的技术工人，使之尽快地进入劳动市场就业。

（七）艺术高中。艺术教育分为中等艺术教育（纳入高级中等教育类）和非大学高等教育两级。艺术高级中等教育包括工美艺校，如陶瓷艺术、金器、纺织品、珊瑚、印刷、木器、镶嵌、玻璃等工艺美术学校和艺术高中。工美艺校学制为五年，分两个阶段，完成前三年学业经过考试可取得艺术老师的证书，完成后两年的学业经过国家考试，获得应用艺术高中文凭。艺术高中学制一般为四年，分两个阶段。前两年主要学习绘画、雕塑、装潢和舞美等；后两年主要学习建筑。完成第一阶段学业，可注册美术学院（属非大学高等学校）；完成第二阶段学业的可注册大学的建筑学院。如果完成全部学业，经过国家考试，取得证书，经过一年的学历补修，可注册大学（科）任何专业系科。

（八）实验音乐高中（附属于音乐学院）。

（九）实验舞美高中（附属于舞蹈学院）。③

访问达芬奇学校

---

③窦庆禄.意大利教育情况[J].比较教育研究，1996(2).

第六章 成功的融合教育

意大利给我印象最深的就是她们的融合教育，即特殊儿童随班就读教育。在我们听课的各个班级中，经常会看到有一个老师专门坐在一个同学旁边。后来一打听，才知道那些孩子是特殊儿童，有专门的老师陪着随班就读的。从1977年开始意大利立法规定，必须将残疾学生放入普通学校接受义务教育，并确保为学生提供必要的专业化支持和服务。同时法律规定如果一个班级有一个残疾学生的话，其人数则不能超过20人，且每个班只能有一个残疾学生。因此，意大利几乎四分之一的班级都有残疾学生，这些班级的人数都不超过20人，且有一个全职老师和一个资源教师为其服务，服务时间平均在十小时以上。在这种法律规定下，意大利很少出现几个残疾学生分到一个班的现象，而是将残疾学生都分散到了普通班级中，让他们充分融入到普通班级和普通学生的课堂和生活中去。2000年颁布的62号法律将融合政策进一步强制化。根据这一法律，意大利所有公立学校及所有得到官方认可的私立和地方学校都有责任接受患有任何残疾的儿童，即使是严重残疾儿童，也不能例外[1]。从1990年开始意大利政府对不同层次

---

[1] 余强.意大利完全全纳教育模式述评[J].中国特殊教育，2008（8）.

的每个残疾儿童提供经济帮助直到年满18岁，个体获得资助的数量由残疾程度和考勤记录决定[①]。其次，残疾人受教育权利的进一步延伸。1982年融合教育延伸到了幼儿园（3～5岁儿童），并为其教师提供支持。

意大利是欧洲南部一个人口众多的大国，也是实行完全融合教育政策最早和最彻底的国家之一。从20世纪70年代一系列支持融合教育的相关法律政策的出台开始，意大利融合教育走上了高速发展时期。尤其近年来，意大利义务教育阶段残疾学生接受融合教育的比例高达98%左右[②]，成为了世界融合教育的典范。意大利融合教育取得的成功，与其高度发达的经济是分不开的。经济与教育之间向来就有密不可分的关系，经济为教育活动的开展提供物质基础，促进教育的发展。在特殊教育这种弱势领域中，经济的作用显得尤为突出和重要，这也是发达国家特殊教育发展程度较高的原因之一。意大利是一个工业发达的国家，是世界第七大经济体。经济的发达为意大利融合教育提供了坚实的物质基础，为特殊教育需要的儿童进入普通学校提供了必备的物质条件。例如，融合教育对象的筛查和检测、资源教室的建立、融合教育班级和学校必要的设备设施的添置和改造、师资培训、教育教学研究等，都需要一定数量的经常性的经费投入。由此可见，融合教育的开展必须有大量的、专项的资金投入，这些资金在很大程度上能够为有特殊教育需要的儿童在普通学校接受教育所需的软硬件服务提供支持，以保证他们能够顺利的获得教育。

意大利在解决融合教育问题的方法上是彻底的和激进的，这也使得它成为了欧洲融合教育程度较高的国家之一。意大利融合教育的经验值得我国随班就读工作借鉴。首先是观念的问题，观念是行动的指引，融合教育观念的深入和广泛被接纳是意大利融合教育成功的核心所在。我国虽然早在20世纪80年代就开始有了随班就读的探索，但融合教育观念的引入却在90年代。可见，该观念进入我国较晚，再加之我国残疾人数量庞大等现实，致使融合教育观念在我国传播和发展缓慢。依照意大利的经验，当前融合教育观念在我国的推广和

---

① Christine O'Hanlon.Inclusive education inEurope [M].London：David Fulton Publishers Ltd，1995.89-97.

②熊琪.意大利融合教育成功的原因分析及启示[J].绥化学院学报，2013-01，33（1）.

深入应该在随班就读的基础上加以拓展。但由于国情不同，我们不能盲目照搬意大利完全融合的做法，只能循序渐进的在我国推进融合教育。其次，要完善和健全法律。法制社会倡导的核心理念是自由平等，保护人权，而完善和健全的法律正是实现这一理念的重要途径。作为弱势群体的残疾人，如果没有国家法律的强制干预和保护的话，他们很难在社会中享有平等的权利。意大利融合教育正是在这种健全和完善的法律体系下，才能够得以实行并取得良好的效果。而在我国，虽然《教育法》《义务教育法》《残疾人保障法》《特殊教育条例》《特殊教育暂行规程》的相继颁布极大地推动了中国特殊教育的发展，但随着时间的推移，现行特殊教育法律法规已难以适应特殊教育的发展，不仅某些条款滞后于特殊教育的实践，操作性也不强，权威性更不够。特别是对特殊儿童应享有的特殊教育及其相关服务没有作出具体的规定；对特殊教育的投入也缺乏权威和具体的规范。

第二部分　文化交流

第一章　学习意大利语

佛罗伦萨中文学校的潘世立校长为我们外派教师专门开设了意大利语课，此举得到国际 COSPE 协会玛丽娅女士支持，专门安排意大利语老师给我们上课。一年下来，共有两位老师教过我们，一是 Marco 老师；另一个是保罗茨落已退休的 Carlo testi 校长，每周一开始有两次教学，后来改为每周一次，两位老师的教学得到外派老师的一致认同和好评。每次两个小时的学习内容包含了丰富的语法和词汇知识，我们外派老师认真听讲，积极发言，细心整理笔记，有疑问就与意大利语老师沟通，老师风趣、详细、生动的双语讲解，使我们能很快地记住意大利语的用法。Carlo testi 校长还利用自己的休息时间多次带我们去佛罗伦萨城里现场讲解意大利文化知识，一年的学习，使我们外派教师掌握了很多基本的意大利语知识；拿到意大利语书能读，能与意大利人相互问候，还学了一些基本的词汇，如星期、数字、词形变化、词性的阴阳变化，更具有实用性的简短的对话，比如询问商品价钱、相遇时的问候等等。

据悉，佛罗伦萨中文学校从 2001 年创办开始，对每期外派老师都进行意大利语培训。外派老师对意大利语的学习不仅能提高自身的素养，还能提高教学质量。如上课之前，老师用简短的意大利语跟学生互动，能很好的调动课堂气氛，可以拉近师生间的距离；上课过程中，教师可以利用意大利语解释中国汉字的意

学习意大利语的教材

思,使学生更方便快速地掌握某一个词的意义,提高学生的学习效率。同时,也可以让学生教老师意大利语,帮助老师做意大利语作业,增强学生的自信心,增进师生情感,更便于中文教学的进行。更重要的是,老师可以根据意大利语与中文学习的不同,快速发现并纠正学生的易错点,找到学生错误的根源,从根源处改正错误,获得最佳学习效果。

学习意大利语

第二章 中小学听课有感

2014年3月下旬至4月初,我们外派老师利用两周时间到保罗茨落中学与DUCA D'AOSTA小学听课各一周。

安排如下图:

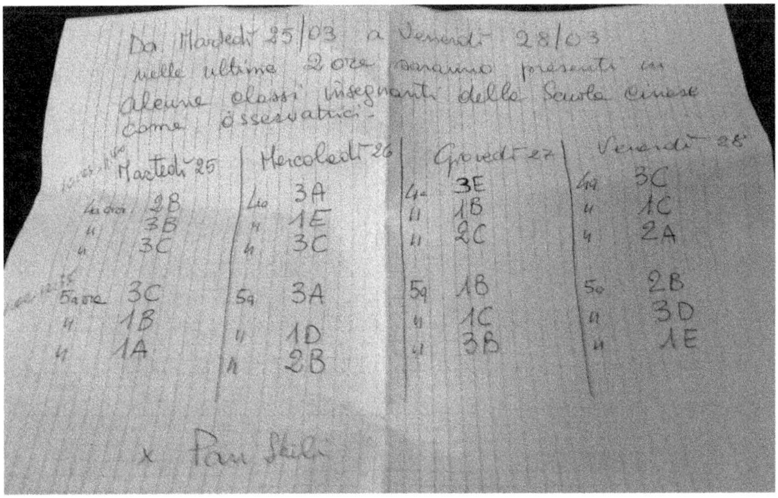

保罗茨落中学听课安排表

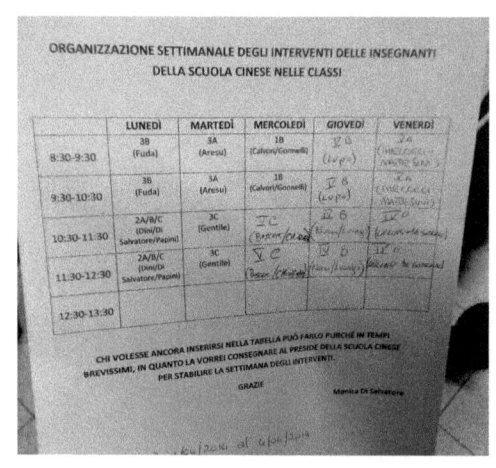

DUCA D'AOSTA 小学听课安排表

这两周我听的课程如下：

第一周，听的是中学的课。第一天首先听的是 3B 班的数学课。全班共有 20 位学生，华人学生 5 位。学的是三角形的知识，教室里坐着一位老师，据了解是他们班的班主任，她偶尔会进课堂听课，帮忙维持课堂秩序。她会在学生说话时禁止学生。课堂中有 4 位学生出去跟其他意大利老师学习了。据说要大考了，即初三毕业考试，他们的程度还不理想，所以要出去自己学习。本堂课拖堂了 10 分钟。

第二节课是历史课，有三位同学出去跟班主任学意大利语去了，学生比较安静，老师开始讲课，我能懂的内容实在有限，于是跟老师打招呼提前出来了。

第五节课听的是 1A 的意大利语课，本班有 20 位学生，其中有 7 位是华人孩子。其中有一位中国学生是刚来学校不久的，有一位老师过来帮忙其学习意大利语，几分钟后，那位老师出去了，于是调换了其中两个华人孩子的座位，让他们三人一起做简单的词语练习，其他孩子听老师上意大利课。老师提些问题，学生回答，没有课件，一节课都是谈话式教学，也没有课文朗读。

第二天，我先去了 3A 班，因为这个班级有我自己教的学生，上的又是意大利语课，跟昨天一年级的意大利老师是同一个人，我很惊奇，叫学生问了老师后，才明白，她共教三个班的意大利语课，初一、初二、初三各一个班级。本节意大利语课是校对书上的练习答案，学生发言积极，热情参与。

第二节课，听的是 1D 班的历史课，这个班级这节课留在教室里的人不是很多，老师说有14个学生去参加演唱会了。本来这个班级人数挺多的。

这节历史课是教跟中国有关的内容，老师特意到中文学校的中国文化知识书上复印下来发给学生。她把学生分成五个小组一起学习。第一个小组学习汉王朝；第二小组学习万里长城；第三小组学习丝绸之路；第四小组学习唐朝；第五小组学习十二生肖。

发下来学习的内容有中文和英文，有两组里分别有一个中文学生帮忙，但学生中文程度有限，很多内容理解不了，翻译不成意大利语，英文学生也看不懂。学生学得很慢，一节课才学了一点点；第五组比较好，学十二生肖的，学生用意大利语、英语、汉语写出12个生肖名称即可，有两位同学过来请我帮忙，看他们写得对不对。老师说，下节课会再继续让他们学习并交流。

第三天，听的是初中2C班的数学课，这个班级第三节第四节上的都是数学课，但是，安排我们听的是第四节课，可是这节课有一半学生要到手工房上手工课，听说是修理自行车；下次再换过来，这一半的学生过去。有一位老师过来叫一位学生过去补课了。教室里剩下9位学生继续上数学课。老师上的是分母是零的分式的除法。老师讲课结束后，学生上白板玩游戏；20分钟后，让学生读课件上的内容，然后再做几个分式除法的练习。我觉得课堂很随意，没有效率，也没有因为我们要来听课而特意准备。

2C班数学课

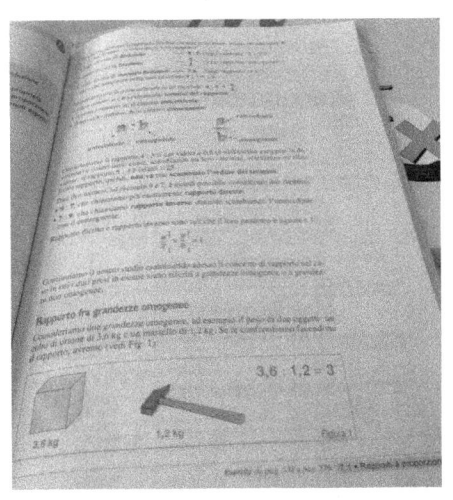

2C班数学教材

第二一节听的是1C班的建筑课。老师首先发试卷，试卷是一张白纸，学生在上面回答5个问题。（下图是一个学生的试卷）

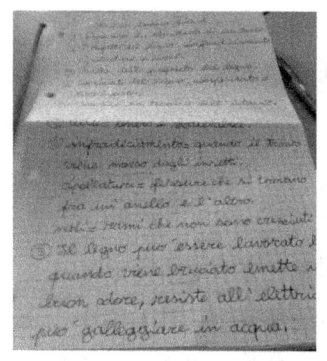 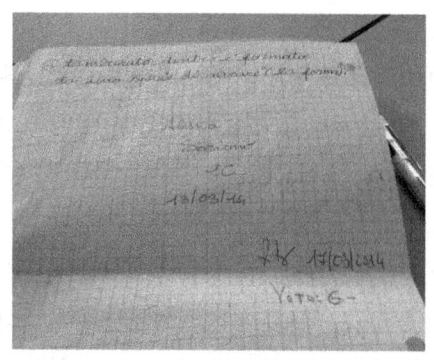

1C班某学生试卷

为了防止学生互相抄袭，全班分有 A 类和 B 类题目。其中有一位学生用中文写，老师没给分数，因为老师不懂中文，我进去听课时，老师就把她的试卷给我，问她可以得几分。我看大概只能得五六分吧，学生写得不好。然后，登记分数到学生的登记本上，让老师签字；回家还要家长签字。（学生登记本见下图）

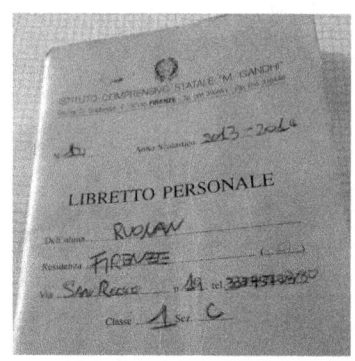 

1C班登记分数本

分数登记好以后，开始上新课。内容是纸是由什么东西做成的？一学生读书上的内容，老师讲解。师生互相对话，老师把重点写在黑板上，说要考试的，学生参与的积极性不是很高。本班有三位中国学生到意大利不是很久，意大利语不好，听说学校每周会安排两天，即每周一、周三第 4、5 节课组织他们一起学习意大利语。

最后一天，我首先听的是 3C 的地理课。我进去了很长时间都没有老师过来，其中一中国学生说，今天早上地理老师曾到教室告诉过他们，说老师今天有事请假。以前遇到类似情况时，学校要么会安排其他老师来上课，要么把他们全班同学分散到其他班级上课。我等了10多分钟，还没有老师过来安排。那个中国孩子说，今天可能没有老师过来了。于是，我便到2A班听美术课。

这位美术老师进入课题以后，用课件出示图片：耶稣受难图，然后在黑板上写知识点，学生记；再换图，学生再记；共换了11幅画。

初中学校最后一节听的是1E班的课。我问学生是什么课，学生竟然都说不上来，说该老师是他们的班主任，同时教他们班的数学、设计和科学课三门课。课上，老师先收曾经下发的旅游统计表，他们班5月8日要出去旅游，收好家长签字回执以后，再收钱，统计旅游人数。然后布置下周学校的一个活动：高中老师来校做东西给学生看。（是学生翻译的，具体什么意思我至今还是不明白）

然后，老师又布置什么时候带什么书。

师生讨论旅游注意事项。学生问能不能带手机？能否带泳衣？

老师在白板上找船的资料给学生看，因为他们到时要坐船过去。这节课就这样结束了。我觉得这节课应该算是班主任上的班会课吧。

第二周，听小学的课，小学学生都穿校服。第一节听的是3A班的数学课。这个班级共有23位学生，其中有5位中国孩子。这节课学的是直方图。老师在黑板上画直方图，让学生涂上"去不同地方玩的有几个孩子"？分别有1、2、3、4、8个等。黑板上一起做好以后，学生做练习。班级里有一个同学是去年9月份刚从中国出来的，还听不懂意大利语，老师让她在课堂上做一年级的数学练习。

第二节听3C班的数学课。本班共19人，其中有4位中国孩子。这节课在做练习。老师解释说数学的练习比较多。做的第一个练习如下：

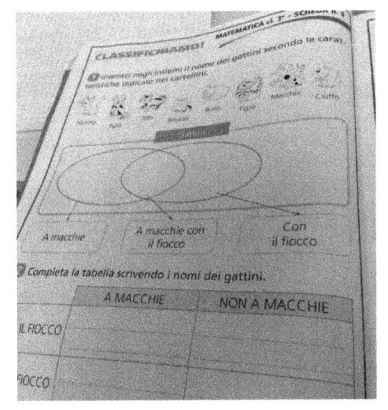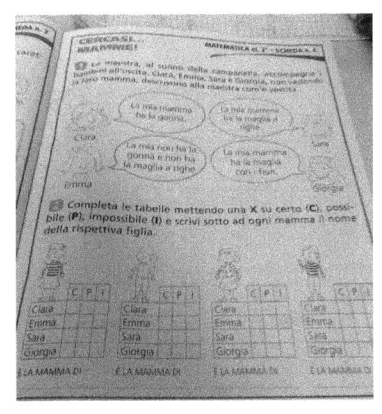

小学3C班数学教材

本练习做好以后，再做分式除法练习。

老师先在黑板上写例子：6分之4di186=（186：6）×4=31×4=124。

然后，写六个类似的算式让学生做。学生做好以后，老师请个别同学到黑板上写。

3C班数学课堂

第一位学生上来写中间部分就写错了，老师没有校对，下面的同学全照他那么写，都错了。

一学生自己做的是对的，如下图：

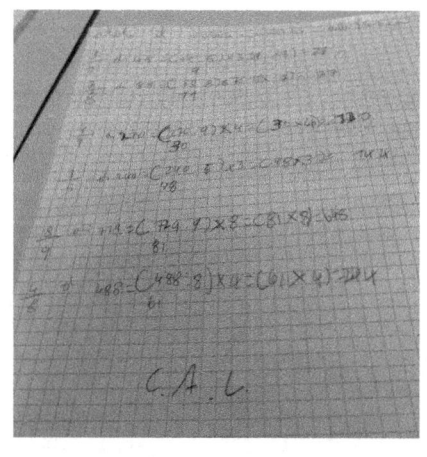

3C班某同学练习纸

接下来,听的是 5A 班的意大利语课。本班共有 25 人,其中有 8 个中国孩子,全班分成 5 个小组而坐。

本节意大利语课是做练习。先是在练习本上写;接下来是写书上的练习,老师在白板上校对答案。学生纪律较好。学生做的练习如下图:

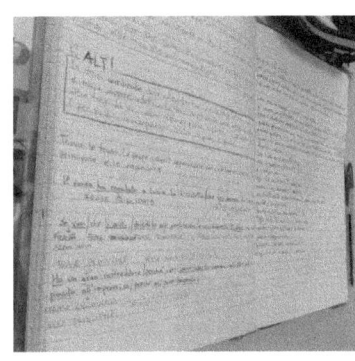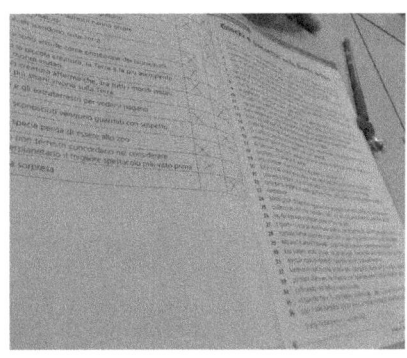

5A 班学生练习本

第四节听得是 3B 班的美术课。老师用凡·高的星空图进行教学。图贴在两个黑板之间,见下图:

3B 班美术课

学生看图思考:

1. 你看到了什么?

2. 是什么颜色的?

3. 什么情绪?

4. 讲凡·高的故事。

5. 学生画星空图。每组分一组水彩笔。画图时,老师放上了轻音乐。学生画好后,看电影。

3B班某同学课堂创作

第五节听的是5A班的英语课。学的是书上的内容。教学环节如下:

1. 老师讲解课文。

2. 听录音。

3. 请同学跟听课老师用英语对话。共请了5位同学。

4. 学习第48页课文。

Where are you going on holiday?

I'm going to the ...

I'm going by ...

用上面的句式说书上的配图。有去海边、山上、湖边、乡村等等；有坐飞机、汽车、火车和轮船交通工具等。

然后圈上你喜欢的地方，用上面句式写，叫同学起来说。

5. 听录音跟唱英语歌曲：*Summer Holidays*。书后面附录里有。理解意思，再听音乐。共听了三首。

6. 在白板上点出动物名称，跟读。学生上来做练习，自己动手点动物。

最后一节听的是4C班的数学课。本

4C班数学教材

班比较特殊，共24人，其中女生只有5位，且全是中国孩子；男孩19人，有4位中国孩子。这个班级意大利学生很少，基本都是其他国家的移民子女。

本节课学的是倍数、组合和分数；题目是*misure di lunghezza*。教学环节如下：

1. 老师讲解学习；

2. 用尺子给学生量身高，让两位学生上来比身高。

3. 做书上的练习。

4. 上黑板校对。上来的那位学生一点也不懂。我看了其他学生准确率都不是很高。没真正明白厘米、毫米、分米、米的换算规律。所以，简单的大部分同学会，复杂的就都不会了。特别是小到大的换算，小数点一多就都做错。

听了两周意大利的课，给我印象最深的是这里的课堂比较随意、随性，不讲究效率。这很像意大利人的性格；这也是一个悠闲的民族生活的体现。而我们中国的中小学课堂就比较严谨，课堂讲究效率，要落实三维目标。特别注重知识点的教学。我们的孩子在系统的学科知识的掌握方面，比意大利孩子要好得多，使得我们的孩子无论向哪个方向发展，在学科基础知识方面都游刃有余、轻松自如。

但是意大利的课堂注重个性培养，注重艺术熏陶，尊重学生，也给了我很多的启发。可以说这样的课是充满诗意的课。德国诗人荷尔德林说："人，诗意地栖息在大地上。"我喜欢这句话，并坚信"教育是诗一样的事业"（马卡连柯语），"课堂是诗的王国"。"诗意的课"不是为教材而上，更不是为考试而上，而是为了学生心灵舒展，个性张扬，全面发展，健康成长。"诗意的课"，是教学过程能够在融洽的诗意氛围中自然展开的课，是摒弃课堂"规矩"、发展学生精神自由的课，而并不是为了完成教学任务、教教材的课。面对天真烂漫的学生，教师给予的是笑容、鼓励，是自由、快乐；面对学生的错误，教师不是"棒喝训斥"，而是宽容大度，客观接受他们的错误。在诗意的课堂中，学生得到的是一节节难忘的课，是生命在课堂中一次又一次的澎湃涌动，是诗意的情怀。这正是意大利课最主要的特点。

同时，这里的学生、老师热情、率真，也给我留下深刻的印象。

课后师生合影

第三章 中意教师交流，共谋学生发展

为了更好地加强中意文化交流，共谋学生发展。2013年度第二学期，佛罗伦萨中文学校共开展了三次6天中意学校交流活动。交流的学校包括San Donnino小学、San Donnino中学、DUCA D'AOSTA小学等华人学生较多的学校。本次活动针对在校华裔子女的表现，围绕学生的语言能力、师生关系、同学关系、学习成绩、家庭作业情况及活动表现等五个方面展开。中意教师就共同学生进行深入交流，详细介绍学生在学校的表现情况，并针对学生的特殊问题共谋解决方案，以各自学校之长进行互补，力求帮助学生在意大利学校和中文学校都能取得更大的进步。交流由COSPE亚洲负责人玛丽娅女士充当翻译，佛罗伦萨中文学校潘世立校长全程陪同。通过交流我们有以下感悟——

一、重视学习能力迁移，探索教育教学规律

学习能力是能迁移的，中文学得认真，学习习惯好的学生，意大利功课也学得好；反之亦然。比如，郑同学在我们中文学校读初一，在意大利学校读小学5年级，是小学毕业班。刚上初一时，她的成绩一般，但她上课认真，回家认真完成作业，积极参与老师组织的课外阅读活动。一个学期以后，她的成绩稳定提高，

在我们初一年级里是数一数二的，与同学关系和谐。期末获得了2013学年第一等奖学金。她的意大利学校班主任说，她一开始意大利功课也是很普通的，而现在意大利功课也都很好。平时非常努力，非常上进。再如，我们班的周同学，人很聪明，但是学习不够主动，简单的内容就学学，难了就不学。意大利老师说他在一年级时各方面的表现都很好，可是从二年级开始到现在，就非常不理想，只有他喜欢的科学课程学得认真，意大利语照他的智力水平应该是能学得很好的，可是他没用功，现在读小学4年级，老师很为他可惜。以上两种情况的学生都有好多。

二、发挥中文语言优势，做好与家长联系沟通

华裔家长，有很多意大利语不是很理想，他们与意大利老师沟通不了，虽然，有些学生在意大利学校表现不是很理想，亟待家长和老师配合，共同教育学生，但是，由于语言的问题，很多意大利老师也是爱莫能助。而我们中文老师就有优势了，对于意大利功课不理想的学生，对于在意大利学校表现不理想的学生，中文老师就可以与家长沟通找出问题所在，帮助学生进步提高。

比如，意大利老师反映一学生学习以及人际交往有问题，但家长从来都不来学校沟通，我们就帮忙打电话，跟家长联系。最近觉得，这孩子表现有所进步。还有我们班的林同学，以前在学校里表现都很好，可是随着年龄的增大，同伴的影响，今年上进心、积极性就没有以往理想，很令意大利老师可惜。于是，我就跟他家长联系，细说他孩子在中文学校和意大利学校的优缺点，让家长明确对孩子的要求，交流沟通以后，最后阶段该学生表现很好，还是我们中文学校"2014中意儿童文艺汇演"的主持人之一，表现出色。

中文老师不仅能帮助意大利老师与家长沟通；还可以协助意大利学校完成针对华裔学生的其他一切事务。

比如，DUCA D' AOSTA 小学有一个中国孩子，已经读二年级了，可是她却一点也不会学习，意大利语几乎不懂，不能听课，他们老师怀疑该孩子智力有问题，学习有障碍，需要帮助。意大利学校有这样的政策，对于那些特殊的学生他们有专门老师派过来帮助他学习的，但需要社区心理医生的鉴定。为了帮助这个孩子，5月份我们中文学校懂心理的老师两次应邀去 DUCA D' AOSTA 小学与该孩子接触，了解情况，协助意大利学校的老师帮助该学生进行诊断鉴定。

三、重视语言学习环境，创设家校交流氛围

我们班的周同学和他姐姐，都是在意大利出生，意大利长大的，现在虽然中文学校读初中，但是中文学得不好，需要花很多时间才能跟得上中文班级的进度。据说家里没人说中文，爸爸妈妈跟他们都用意大利语交流；所以意大利语学得不错。而有的同学中文学得好，可意大利语不理想。比如高中班的一同学，中文可以说是数一数二的，可是意大利语不理想，据说也是家里没有意大利语言的学习环境。

这点与温州大学外派佛罗伦萨中文学校的周欢怀老师的调查不谋而合：据她调查，语言环境是影响孩子们汉语基础的一个重要因素。当问及孩子们平时在家时用何种语言和父母交流时，大部分则说普通话或温州话，17%的孩子兼用普通话、温州话和意大利语，5%的孩子表示仅用意大利语。而这5%的孩子的汉语成绩恰恰是班里比较落后的。当问及孩子们平时和朋友用什么语言交流时，有34%的孩子表示仅用意大利语，18%的孩子表示普通话和意大利语都用，11%的孩子表示温州话、普通话和意大利语三者皆有，8%的孩子表示只用温州话，29%的孩子表示只用普通话。

这就要求我们中文学校要创设中文学习的语言环境，要求学生在校学习期间都要用中文交流，而不能用意大利来交流。

四、创建学校文化品牌，融入意方主流社会

文化品牌是一所学校的生命和灵魂，是学校整体发展的命脉，是学校社会形象的根本。学校文化品牌的归宿是人本化，学校文化是学校发展的强大动力和核心竞争力，创建品牌学校是指创建具有丰富的文化底蕴，先进的办学理念，鲜明的办学特色，显著的办学成效的学校。有人说："三流学校靠校长；二流学校靠制度；一流学校靠文化。"我们佛罗伦萨中文学校发展到今天，在校长的努力下、制度的保证下，现在一直朝国外一流中文学校的目标努力。我想我们的学校文化品牌应该就是"融入意大利社会，传播中国文化"。这个"文化品牌"我们已经树立起来了。它有品牌所具有的要素：品质优良，与众不同，有口皆碑。有品牌的指标：知名度、美誉度、忠诚度。而中意教师的交流就是使中文学校更好地传播中国文化，让学生以及其家庭更好地融入意大利社会。

在中文学校的影响下，意大利中国学生毕业考试将加进中文的题目，中文学校评优秀学生也将要参考意大利学校的成绩，意大利成绩太差的话也不能评优秀学生。这样更能促进学生的全面发展。

随着佛罗伦萨中文学校对外文化交流的不断深入，"走出去"显得越来越有必要。中意教师的这种交流不仅让老师能够全方位地了解和认识学生，更能够促进两方互相了解。十年树木，百年树人。相信在双方学校的共同努力下，学生的成长成才之路能更加顺畅。这种学校文化也将成为学校发展的不灭灵魂和不竭动力。

中意教师交流

第四章　出席佛罗伦萨孔子学院揭牌仪式

2014年3月31日，佛罗伦萨中文学校校长潘世立偕同我们三位外派教师出席了佛罗伦萨大学与上海同济大学共建的孔子学院揭牌仪式。中国驻意大利大使李瑞宇，同济大学党委书记周祖翼，佛罗伦萨大学校长Alberto Tesi，佛罗伦萨省长Andrea Barducci，托斯卡纳大区、佛罗伦萨市代表及当地教育界人士，华人社会、留学生代表等200余人出席上述活动。在揭幕式上，先后由佛罗伦萨大学校长Alberto Tesi教授致辞，同济大学党委书记周祖翼教授致辞，中国驻意大利大使李瑞宇致辞，中国驻佛罗伦萨总领事王新霞致辞，托斯卡纳大区教育部长Emmanuele Bobbio致辞，佛罗伦萨省主席Andrea Barducci致辞，佛罗伦萨市教育局局长Cristina Giachi致辞。

驻佛罗伦萨总领事王新霞致辞中，简要回顾了孔子学院的筹建过程及总领馆所开展的推动工作。她指出，佛罗伦萨是西方文艺复兴的摇篮。近年来，佛罗伦萨以及周边地区与中国各领域交往日益频繁，当地人学习中文的热情不断高涨。佛罗伦萨大学孔子学院的建立将有助于提升当地汉语教学水平，传播中华文化，增进两国人民彼此的了解与友谊，推动中意各领域务实合作的不断发展。希望孔院能培养出更多会说汉语、了解中国、热爱中华文化的意大利年轻人，为两国各领域交流与合作做出贡献。

李瑞宇大使在佛罗伦萨大学孔子学院揭牌仪式上的讲话中，指出佛罗伦萨是欧洲文艺复兴的诞生地，但丁、米开朗基罗等众多著名艺术家在这座城市创造了闪耀着时代光芒的文学、雕塑、建筑和绘画作品，对整个世界的文明进程产生了深刻影响。今天的佛罗伦萨将悠久传统与现代理念相结合，成为高端知名品牌的发源地，特别是 Made in Italy 的精美手工制品在世界范围都享有盛誉。佛罗伦萨大学与同济大学在这里合作共建孔子学院，为这座千年古城赋予了新的文化内涵，具有十分重要的历史意义。他还说佛罗伦萨大学成立至今已经有近七百年的历史，学校在人文和生命科学等学科方面均有不俗的表现，历史、药学和农学等专业在意大利大学中排名前五，汉语教学可以追溯到 19 世纪后半叶。从 2000 年开始至今，学校在部分本科和硕士专业课程中开设了汉语课，学生达到近 200 人。佛罗伦萨大学的中方合作院校同济大学作为中国著名大学之一，与意大利多所大学都有合作项目，其土木工程、建筑、城市规划等专业均名列中国大学前三。同济也是第一所在意大利开设海外校区的中国大学，充分显示了学校的实力和对中意教育交流的高度重视。我相信，这样两所各具特色的大学通过孔子学院这个平台实现强强联合、优势互补，必将进一步推动托斯卡纳大区和意大利中部地区汉语的普及以及两国在教育、文化和经贸合作等领域的全面发展。

佛罗伦萨大学孔院意方院长 Marco Bellandi 教授在致辞中感谢中方，特别是王总领事及佛罗伦萨总领馆在孔院申办、筹建期间所给予的宝贵支持与帮助。

揭幕仪式现场，佛罗伦萨中文学校潘世立校长与中国驻意大利大使馆教育处参赞张林逸女士共同为佛罗伦萨大学孔子学院落成感到高兴，并为建立孔子课堂作了简短的交换意见。揭幕仪式结束后，佛罗伦萨中文学校潘世立校长又与孔子学院意方院长、佛罗伦萨大学副校长 Marco Bellandi 教授见面会谈，院长说："有 COSPE 联系，我们将是合作的伙伴。"并握手留影。

在简单的茶休之后，与会人员便来到 Le Murate 参加同济大学佛罗伦萨海外校区揭幕仪式。

各位致辞嘉宾向新校区的成立表达了热烈的祝贺及亲切的祝福。同济大学本着"价值、共赢、灵感、氛围"的办学理念在海外开设校区，以求得适应以创新为主导的未来发展趋势，达成共享资源、共同进步的目标。

第五章　参加佛罗伦萨华人华侨相关活动

2014年2月6日晚8时，佛罗伦萨500 HOTEL别墅庄园酒店内灯火辉煌，人头攒动。舞蛇辞旧岁，马腾报春来，在这喜庆吉祥的日子里，我们佛罗伦萨中文学校全体教师在校长潘世立和副校长谢群老师的带领下，参加了佛罗伦萨华人华侨联合总会在这里举行的马年新春晚会。

当晚莅临迎新春团拜晚宴的嘉宾还有中国驻佛罗伦萨总领馆季刚总领事和总领馆各位领导，佛罗伦萨省省长Andrea Barducci、佛罗伦萨省督府移民官员、协助发展中国家协会领导、意大利妇女企业家协会会长Marta Ghezzi、SESTO市市政警察长、冈比市市政府警察长、SAN DONNINO的神父、佛罗伦萨华人华侨妇女联合会的代表、意大利华裔协会的代表黄东波、佛罗伦萨学生学者联谊会的留学生代表、意大利华人音乐家协会的代表、意大利华人艺术家协会的代表、佛罗伦萨中意文化交流协会、欧华联合时报记者、华人报的记者以及其他中意友人。

晚宴上，佛罗伦萨华人华侨联合总会会长周致敏先生首先发表新年贺词：回顾上一年，在各级领导的支持和引导下，我们总会克服了各种困难。为增进意大利人民和中国人民的相互了解和友谊，积极发挥我们的桥梁、纽带作用。多次开展中国与意大利各领域的文化和经济的交流活动；多次参加由当地政府开展的各种慈善募捐活动；帮助当地华侨子弟更好地学习，积极融入当地的主流社会。多次组织中国企业家和意大利企业家的经济洽谈、交流活动；多次开展向当地华人华侨阐明权益和义务的座谈活动。获得了社会各界的一致好评。告别了2013年，走进了2014年，坚信在新的一年里，我们将继续奉行服务社会、服务各级政府、服务当地广大华人华侨的宗旨，继续努力、更加执着、更加奋进，健康地、规范地完善我们的团体。切实地发挥我们的桥梁纽带作用、服务作用和引导作用。共同创造我们佛罗伦萨华人华侨和当地人民的和睦相处、相望相助、共同发展的新篇章！最后，他衷心地祝愿各位领导、各位来宾，马年吉祥！龙马精神！马到成功！

中国驻佛罗伦萨总领馆季刚总领事表示，在此新春佳节之际，谨代表中国驻佛罗伦萨总领事馆向在座的各位致以最诚挚的问候，并希望佛罗伦萨华人华侨联合总会精诚团结，带领广大侨胞继续发扬"艰苦创业、努力拼搏"的精神，以自己的一言一行向意大利主流社会和民众展示中国和"中国人"的积极形象，讲述"中国故事"，传递"中国声音"，促进中意双方加强经济文化交流合作，增进互信、消弭隔阂，巩固中意友好的社会基础。我衷心希望广大侨胞能够通过不懈努力，积极融入当地主流社会，遵守当地法律法规，尊重当地风俗习惯，在维护自身合法权益的同时，多做些回馈当地社会的事情，以利于华社的可持续发展，为中意人民友好合作搭建桥梁和平台。

佛罗伦萨省省长Andrea Barducci先生接下来表示，他代表佛罗伦萨省政府祝所有的华人新年快乐，同时感谢佛罗伦萨华人华侨联合总会的盛情邀请，借此机会，他重申要加强同生活在佛罗伦萨地区的勤劳的华人群体的合作。同中国之间的合作有着不断增长的巨大潜力，我们要通过融入、共同工作和合法化把它加以开发利用。最后，向所有与会者致以他最美好的问候。

最后，担任主持的佛罗伦萨华人华侨妇女联合会秘书长谢群女士宣布："在这美好喜庆的夜晚，让我们端起手中的酒杯，斟满杯中的美酒，恭祝大家新春快乐！马年大吉！干杯！今晚，我们在这里举办马年新春晚会，那么大家在品尝美味佳肴的同时，当然要有优美的歌声陪伴，那就让我们用美酒、用激情、用欢歌笑语共同庆祝新春佳节！"

佛罗伦萨华人华侨联合总会隆重举行的迎新春团拜晚宴，给我这个外派教师留下了深刻的印象，这是我们到佛罗伦萨以来参加的第一个重大的活动。让我感受到了华人华侨的龙马精神，以及他们的智慧和坚韧不拔！

3月8日晚，佛罗伦萨中文学校全体教师在校长潘世立和副校长谢群老师的带领下，参加了佛罗伦萨华人华侨妇女联合会举行的欢庆"三八"妇女节。当晚中国驻佛罗伦萨总领馆王新霞总领事携全体馆员，及各兄弟侨团代表、华侨华人上百人参加了联欢会。在王嘉良会长的带领下，共同祝贺女性同胞自己的节日。平日里华人妇女同胞们工作和学习较忙，生活任务繁重，难以有时间进行娱乐活动，此次聚会让大家得以放松心情，并对生活中的经历、体会及感想等家常事进行谈心，增进相互之间的感情，同时也是为中、意、双方下一代之间的交流与交际创造更多的机会。

联欢会由妇女联合会秘书长谢群女士主持。会长王嘉良代表佛罗伦萨华人华侨妇女联合会向姐妹同胞们致以节日的问候，祝愿姐妹们节日快乐、青春常驻、魅力永恒！借此机会，王嘉良会长还向来宾宣布妇女会又注入了新鲜血液，7名女侨胞成为该会的副会长，大家均以热烈的掌声欢迎新会员的加入。佛罗伦萨总领馆王新霞总领事非常高兴再次与女性同胞欢度妇女节，并向佛罗伦萨华侨华人姐妹们致以节日的祝贺。

联欢会现场好戏连台，合唱、独唱、街舞、群舞……特别是妇女联合会姐妹们的旗袍秀将现场气氛推向高潮，表演现场雷鸣般的掌声经久不息。随后集体参与的接龙游戏犹如全民热身运动会，所有到场嘉宾积极参与，当天在餐馆吃饭的男女同胞、包括邻桌的意大利友人都加入到接龙队伍当中，整个酒店宴会大厅大联欢，气氛欢乐而融洽，大家亲切交谈，每一位参加聚会的女士还收到了妇女联合会精心准备的鲜花，聚餐结束后，我们在温馨的气氛中依依惜别。

7月2日晚，佛罗伦萨中文学校全体教师在校长潘世立和副校长谢群老师的带领下，又参加了欧洲近20个国家的妇女代表联谊会。联谊会在意大利佛罗伦萨著名的"500 HOTEL"花园酒店举行，来自捷克、匈牙利、西班牙、法国、丹麦、比利时、希腊、冰岛等欧洲近20个国家的妇女代表300余人汇聚于此，姐妹们交流经验，促进社会和谐，传递正能量。当地侨团、知名侨领、华侨华人及华文媒体均出席了当晚的联谊活动。

首先佛罗伦萨华人华侨妇女联合会王嘉良会长致欢迎词，对所有到场嘉宾的到来表示热烈的欢迎和衷心的感谢！晚会现场，佛罗伦萨华人华侨妇女联合会还向各国妇女代表赠送纪念品以作留念。当晚的盛会由佛罗伦萨华人华侨妇女联合会谢群秘书长主持,姐妹们携手协作,纷纷登台表演即兴节目,佛罗伦萨华人华侨妇女联合会王嘉良会长一曲"敬酒歌"拉开了晚宴序幕,宴会现场掌声不断,欢声笑语交织成一片欢乐的海洋。

佛罗伦萨500Hotel别墅庄园

第六章　首届海外华校预备教师培训

如何懂得心理做一名优秀教师

各位即将成为老师的留学生们，大家好，非常荣幸今天能有机会跟大家一起互相讨论如何懂得心理做一名优秀的教师。古语说："学高为师，身正为范。""无德无以为师。"有什么样的老师就有什么样的学生。老师的言传身教直接影响着每一个学生，这实际上就给教师提出了更高的要求——教师必须有高素质。没有高素质的教师就不会有高素质的教育，有什么样的老师就有什么样的学生。教师对学生起着潜移默化的影响。要做一名教师是不容易的，要做一名优秀的教师更是难上加难的。

一、只有了解学生的老师才可能成为优秀教师。

《中国教育报》曾报道，某大学对20所中学的师生作一次调查："你爱你的学生吗？"100%的教师说爱自己的学生。"你的老师爱你吗？"只有10%的学生说感受到老师爱自己。

《青年报》曾调查表明：有60%的教师说爱自己的学生，而感受到老师的爱的学生只有5.6%。

华东师范大学博导熊川武在上海乐平中学调查，问学生："你喜欢的老师有几位？"52%的学生回答只有2位以下；问："你不喜欢的老师有几位？"31%的学生称有3位以上；问不喜欢功课的原因？学生先是不喜欢教这门课的老师。

为什么有这样的反差？

在教育中，我们经常会遇到这样一种现象：教师在热情地传递知识、价值观和各种行为要求，而学生缺乏相应的反应，甚至是无声的抗拒。在这种时候……

教师往往会说——"我是为你们好！""你们长大了就会明白老师为什么这样做……"

学生在想什么？啰嗦、讨厌、婆婆妈妈、真没劲、没意思、烦！

这样的教育，效果有多少呢？新教师的困惑……硬的办法不能用；老的办法不管用；软的办法不顶用；新的办法不会用。教育似乎成了无计可施的教育。

这让我想到一位爱狗成疯的人，常常花费巨额金钱，购买昂贵的健康食品，来宠养他的名犬。他听人说深海鱼油对狗的发育很有帮助，于是每天一大早，他都把狗抓来，用双膝夹紧狗头，硬使它张开大口，然后对准喉咙灌鱼油。有一天，狗儿大力挣扎，甩脱了主人的双膝，鱼油流得满地都是。狗主人生气之余，看到狗儿自己转过身来，静静地舔食美食，此时他才明白，狗所抗拒的不是鱼油，而是他喂食鱼油的方法。

这个例子，它和我们老师教育学生是相似的，我们认为我们对学生是一份爱心，我们给他们的东西都是为他们好，可万万没有想到学生竟然那么抗拒，甚至拼死不从。我们觉得很受伤，觉得学生很不懂事，觉得我们的爱付之东流。可是我们有没有考虑过学生的心理感受？学生为什么抗拒？是抗拒我们的爱心吗？是抗拒我们给他的东西吗？

不是的，真实的情况是：学生抗拒的不是我们给他的内容，而是我们给他的方式。

因此，作为教师，在做学生的工作时光有一颗爱心是不够的，还得有方法。好的教师，一定要注重对学生的谋略和方法。

浇花要浇根，育人要育心。只有懂得学生的心理才能走进学生，让教育更有效果。

案例　陶行知的教育智慧

一次,陶行知看到学生王友用泥块砸同学,当即制止,让他放学后到校长室。陶行知来到校长室,王友已等在门口准备挨训了。没想到陶行知却给了他一颗糖,并说:"这是奖给你的,因为你很准时,我却迟到了。"王友惊疑地瞪大了眼睛。陶行知又掏出第二颗糖对王友说:"这第二颗糖也是奖给你的,因为我不让你再打人时,你立即就停止了。"接着陶行知又掏出了第三颗糖:"我调查过了,你砸的那些男生,是因为他们不遵守游戏规则,欺负女生;你砸他们,说明你很正直善良,且有跟坏人作斗争的勇气,应该奖励你啊!"王友感动极了,哭着说:"陶校长,你打我两下吧!我错了,我砸的不是坏人,是自己的同学……"陶行知这时笑了,马上掏出第四颗糖:因为你正确地认识错误,我再奖励你一颗糖……我的糖分发了,我们的谈话也结束了。

据 WHO 统计,2010 年全球约 1000 万人自杀死亡,自杀未遂者则为此数字的 10 至 20 倍,这意味着平均每 40 秒就有一人自杀身亡、每 3 秒就有一人企图自杀。自杀已成为目前人类第五大死亡原因。

昨天刚看到温州平阳中学专职心理老师发上来的微信,说萧振高中一位高三的男生跳楼身亡。

"我觉得在自己的手上一刀割下去,然后看着血留下来是一件很美妙的事情。"14 岁的小真(化名)在我的咨询室里告诉我。"我的爸爸妈妈都不要我,没有人需要我,活着没有意思。"家庭破裂、缺乏关爱、学习压力等,这些都造成了李洁消极厌世,他经常对同学说"没人需要我,我也不需要任何人"之类的话,常常发愣,特别孤僻。

二、悦纳学生让学生摸得着你的关注。

你不一定爱你的学生,但你既然从事了这一职业,就应承担你相应的责任,你得关注学生的学习与成长,而且,你不要将关注仅仅停留在意识里,而应让学生摸得着,感觉得到。你拾起学生掉在地上的橡皮,耐心回答学生的提问,常与学生进行个人谈心,甚至只是走道里的一声问候,这些都是能让学生摸得着的关注。

所谓"悦"即"喜欢";"纳"即"接受""悦纳"就是喜欢和接受。关于悦纳学生我们来看看两个观点。

(　)相信绝大多数学生是可以教好的。

世界人口的IQ（智商）分布表明，95%以上的人IQ是正常的。而智商正常是圆满完成学习任务的必要条件。只要有良好的环境和教育，培养良好的非智力因素，激发学生的学习动机，那么我们面前的绝大多数学生是可以成为好学生的，学习困难的学生也是如此。心理学上的罗森塔尔效应以及一些类似的实验充分证实了这一点。

1968年，心理学家罗森塔尔和雅各布森做过一个实验。他们对美国一所小学一至六年级学生进行了一次"预测未来的发展测验"（实为智力测验）。临走前交给校长一份名单，告诉他名单上的80个人是"未来的花朵"，有很大的"学业冲刺"潜力，并嘱咐要对名单保密。8个月后，罗森塔尔重返该校对全部学生进行一次同样的测验，结果发现，名单上的人（即实验组）果真在智力上比其他学生有更大的提高，有一些简直出类拔萃。校长对心理学家的预测佩服得五体投地，而罗森塔尔笑了笑。原来那些所谓的"未来的花朵"根本不是根据智力测验的结果筛选出来的，而是心理学家信手随机抽取的。当然有部分学生本来智力就不错，但其中部分学生原本智力平平，并无过人之处。为什么他们会获得比别人大得多的进步呢？研究者认为，校长对心理学家的预言深信不疑，对这些"未来的花朵"抱有期望，并且不顾心理学家的保密要求，有意无意地将这种信息传递给教师；教师又通过各种态度、表情、行为等体态语言，将这种暗含的期望微妙地传递给学生，其中包括更多的关心、鼓励、提问和辅导。当这些学生获得期望的信息后，也会产生激励效应，于是更加信赖教师，积极行动起来并给教师以反馈，教师越是见到这种反应，越是会把自己的感情及所期望的特性投射（移情）到学生身上，感到他们更加顺眼可爱，于是激起更大的教育热情。这样，教师教得有信心，学生学得有信心，教和学两方面的智力活动都进入最佳状态，这些"未来的花朵"取得进步是理所当然的。

罗森塔尔的实验给我们两个启示：

1. 教师的期望、信心是不可忽视的教育因素，它可以改善师生关系，激活教育对象的学习动机，造成戏剧性的效果。

2. 绝大多数学生是可以教好的，学习暂时落后的学生也是可能教好的，关键在于教师如何做工作。

（二）要用全面的发展的观点看学生。

我们说，绝大多数学生是可以教好的，可是在现实中同事们往往有这样的感叹："我真想把这个学生送给某个教授，看看他怎么能把他教会的！"对这个问题怎么看，将直接影响教师的心理健康，怎么看才有利我们的心理健康呢？

我们承认人与人之间的智力差异是存在的，但是这种差异除了发展水平（智力高低）的差异之外，还有发展早晚的差异和智力结构的差异。如：有的早慧，有的大器晚成；有的心灵，有的手巧；有的形象思维能力很强，有的抽象思维能力惊人；有的文化课成绩优秀，有的音体美天赋突出。有所特长必有所特短、有所特短必有所特长，特长越长，特短越短，反之也一样。

曾经看过两个名人的故事。

英国历史小说创始人司各特成名后到母校去访问，受到师生隆重的欢迎。临走时他要求见一见全校最淘气、最顽皮、成绩最差的学生。经过各班"筛选"，那个全校公认最淘气、最顽皮、成绩最差的学生低着头，站在大文豪面前，羞愧得无地自容。司各特抚摸着孩子的头，感慨万千："孩子，今天你所处的地位就是30年前我所处的地位。"然后他从口袋里摸出几个金币，送给孩子留作纪念："谢谢你这几年来坚守着我的岗位！"

诗人普希金，艺术想象力异常丰富，逻辑思维能力严重匮乏，学数学怎么也入不了门，他发现因式分解解来解去最后正负相抵往往等于0，往后他不管三七二十一，凡遇因式分解统统等于0。一次，普希金外出打猎，路遇暴风雨，跑到一家旅馆去避雨，老板感到万分荣幸，请他签名留念。老板的儿子正在做作业，忙乱中将儿子的数学作业本递给他签名，诗人一看，因式分解，特简单，二话没说在等号后边画了一个0。第二天当教师在这道题后面打了个大大的红叉时，孩子大感不解："这是普希金本人做的题，怎么可能错呢？"事情闹到校长室，校长说："正如我不懂教育却当学校的名誉校长一样，普希金不懂数学，这个'0'就作为这道题的名誉答案吧！"从此文学史上又多了一段佳话。

其实类似的现象屡见不鲜。著名历史学家吴晗当年考北大，中文考了100分，数学得了0分。著名作家钱钟书、沈从文的数学也好不了多少。毛泽东念书时，语文很好，数学勉强及格，可在长征途中，从来没上过军事院校的他，军事指挥艺术登峰造极、炉火纯青，硬是把个科班出身的蒋介石搞得晕头转向。凡此种种告诉我们一个简单又深奥的道理，对那些令人头疼的小淘气，千万不要僵死的、一成不变的眼光去看待他们，要用辩证的、发展的、全面的观点去看待他们。也许他们今天学不好，明天去出其不意地来个突飞猛进，后来居上，令人刮目相看。尤其是那些顽童，也许他们这门功课学不好，但在音体美方面却有着超乎寻常的天赋，或许会成为某一方面的奇才怪才，如那个门门功课挂"红灯"甚至语文也挂红灯，但获新概念作文竞赛全国一等奖、出版了一本本专著的韩寒。

一个孩子四岁才会说话，七岁才会写字，老师给他的评语是："反应迟钝，思维不合逻辑，满脑子不切合实际的幻想。"这个孩子就是后来那个最伟大的物理学家爱因斯坦。

一个孩子不爱上学，上课心不在焉，学习成绩一塌糊涂。有一次老师问他1+2等于几，他回答是3，当他看到老师拍桌子时，又改口说是2，同学们都说："那家伙是个呆子！"这个孩子后来成了人类最伟大的科学家牛顿。

一个孩子上小学时成绩总是倒数第一，老师曾带有开玩笑的口吻鼓励他说："你能不能也来个正数第一？"这个孩子后来成了最有代表性的浪漫主义诗人拜伦。

一个孩子被父亲抱怨是白痴，在众人眼里，它是毫无前途的学生，艺术学院考了三次还考不上，他的叔叔绝望地说："孺子不可教也！"这个孩子后来成了伟大的雕塑艺术家罗丹。

说到这里，我们一起来做一个小小的测试：

问题一：如果你知道一个妇女已经怀孕了，她之前已经生了8个孩子，三个耳朵聋两个眼睛瞎一个智能不足，而且这个妇女还患有严重的梅毒。请问，你建议他堕胎吗？

问题二：现在要选举一名领袖，有三位候选人，下面是候选人的一些事实情况：

候选人A：与一位不诚实的政客有往来，遇到事情会咨询占星学家，有婚外情，是个老烟枪，每天喝8～10杯马丁尼。

候选人B：过去有两次被解雇的记录，每天睡到中午才起来，大学时吸过鸦片，每晚要喝一夸特的威士忌。

候选人C：他是一位被授勋的战争英雄，素食主义者，不吸烟，偶尔喝一点啤酒，从没有发生过婚外情。

请问你会在候选人中选哪一个？

候选人A：罗斯福。　　候选人B：丘吉尔。　　候选人C：希特勒。

如果你建议问题一的妇女堕胎，那么你杀了贝多芬，那是贝多芬的母亲。她怀着的婴儿正是贝多芬。

结论：不要用既定的价值来思考事物！人的发展和改变无可限量！

因此我们做教师的千万要记住陶行知先生的话："你的教鞭下有瓦特，你的冷眼里有牛顿,你的讥笑中有爱迪生。"我想把陶老先生的话略作改动:"教鞭下有瓦特,冷眼里有牛顿,讥笑中有爱迪生。"是不是这样听着更有于利我们教师的心理健康?如果我们都能这样想,这不仅对学生身心健康有利,更利于我们自身。

让我们确信:每一株花最初都是草。每一棵草最后都会开出花。

不要吝啬赞赏的语言。

就是成年人,也希望得到别人的赞赏,何况是尚未成年的学生呢,所以,对待尚在成长过程中的学生,你不要永不满足,你要学会发现学生的特长与其成功之处,并给予充分的肯定;同时,当学生正确地回答了你的问题,或者提出了一个好的创意,甚至是一个小小的善举,你都要用愉悦人心的语气对他给予真诚的赞赏。你赞赏学生的成功,学生会再还你一个惊喜。

三、将惩罚进行到底

对学生进行赏识是教育的组成部分,但并不是教育的一切。没有惩罚的教育是不完整的教育,不要相信爱与赏识能解决一切问题的教育观点,而应该坚持惩罚是教育不可缺少的组成部分。对于顽皮的学生,不要轻易地放弃,对其违规的行为,不要听之任之,应当给予合理的教育,这时批评与惩罚应是不可缺少的教育手段。但一定不要将惩罚上升为体罚。

有一个特级教师在以鼓励、表扬为主的大前提下,说他自己也常惩罚学生,并惩罚起来有"狠"劲,尤其在习惯养成上,有时非"耗"得学生"成方圆"才罢休。比如,有的孩子老是不能自觉预习,到了课上读书磕磕巴巴,他就改变第一教时上法,不开讲先检查,不达标的,好办,今天你就跟着我了,除了上厕所、上课,其他时间,我去哪儿你去哪儿,到达标为止,今天不达标,明天继续,并且,这样的惩罚,就明明白白说给学生,还连续做一个月个他们看看,其实,不用一个月,孩子们早晨来到以后,就先考虑老师今天上什么课了。他表示:不谦虚地说,班上的孩子现在预习的习惯非常好,上第一教时,他加在一起可能不需要说十句话。很多习惯的养成都是这样奖励伴随着惩罚。

他回忆起一次阅读课,平时阅读课他一般不看,因为他们班孩子上阅读课很自觉,快下课时他进教室发现有两个孩子在说说笑笑,看见他走过来盯着他们,一个孩子便不打自招:我正读书,马庆原问我屈原是怎么死的,然后我们猜,才笑的。他立马"惩罚":"好呀,马庆元,你这么爱动脑子,你不是想知道吗?这个任务就交给你了,回家不光要查清屈原是怎么死的,而且要查清屈原是个什么样的人,他的一生的经历,然后写一篇介绍屈原的文章,不得少于1000字,明天给全班同学汇报。"

学会批评，教师批评的艺术：（1）教师情绪不稳定，不批评；（2）学生情绪激动时，不批评；（3）不了解情况时，不批评；（4）话不要过长；（5）批评不宜在上课时间。

四、善用首因效应

首因效应，是一种社会知觉效应。在人的交往中，往往比较重视最先得到的信息，据此对别人下判断，形成最初的印象；而在最初的印象形成之后，对后来的信息就较不重视了，这种现象叫首因效应。例如初次见面时对方的仪表、风度所给我们的最初印象往往形成日后交往的依据。

根据首因效应，教师在对学生开展教育过程中，尤其是新班级成立的第一天，或是新学期开学的第一天，一定要给学生一个良好的"第一印象"。它包括：良好的班容班貌，如窗明几净，桌椅排放整齐，班内物品摆放有序，宣传标语完好无缺，等等。教育者本人要仪表端庄，给人以和蔼可亲之感；外表落落大方，给人以高雅之感。另外，第一次上课，第一次组织学生集体活动，与学生第一次谈话等等，都要注意与学生建立情感上的联系。古人云："亲其师，信其道。"教师取得了学生的信任，就会给以后的教育打下一个良好的基础。

五、善用得寸进尺效应

得寸进尺效应是指让别人接受一个很大的，甚至是不客气的要求时，最好是先让他接受一个小要求；一旦他接受了这个小的要求，他就会很可能接受那个更大、更不客气的要求。这是因为人们总愿意把自己整饰出首尾一致的印象，如他一旦表现出助人为乐的言行，即使别人的要求有些过分，为了维护印象的一贯性，也要继续下去，当然，要求的提出要适当。美国心理学家费里德曼等人在20世纪60年代进行的一项登门访问家庭向家庭主妇提出由小到大的要求而获得成功的实验研究，充分证明了上面的结论。

在教育过程中，我们也可以适时、适地地运用"得寸进尺效应"，对学生先提出较低的要求，待他们按照要求做了，则予以肯定、表扬乃至奖励，然后逐渐提高要求，使每个人都乐于无休止地积极奋发向上。尤其对年龄较小的孩子的教育引导，使用"得寸进尺效应"，运用循序渐进的原则，更容易奏效。如对一些上网打电子游戏成瘾的孩子的转变，也可以采用"得寸进尺效应"，采取循序渐进的方法，逐步提出要求，例如第一天允许玩1小时，第二天减少到50分钟，以后依次递减，逐渐脱敏，从而改掉不良习惯。总之，在工作中，向学生提出"小步子，步步高"的要求，往往能收到很大的效果。

六、"南风效应"——教育学生要讲究方法

法国作家拉封丹写过一则寓言，讲的是北风和南风比威力，看谁能把行人身上的大衣脱掉。北风大发威力，寒气逼人，结果行人把大衣裹得更紧；南风徐徐吹拂，春暖花开，行人脱下大衣。

教师教育学生要讲究方法，你怒对学生拍桌、打椅，甚至体罚，会使你学生的大衣裹得更紧；采用和风细雨"南风"式的教育方法，你会轻而易举地让学生"脱掉大衣"，达到你的教育目的，收到更好的教育效果。

七、"霍桑效应"——让学生尽情地说

在美国芝加哥郊外的霍桑工厂是一个制造电话交换机的工厂，有较完善的娱乐设施、医疗制度和养老金制度等，但工人们仍愤愤不平，生产状况也很不理想。后来，由心理学专家专门对其进行了一项试验，即用两年时间，专家们找工人个别谈话两万余人次，规定在谈话过程中，要耐心倾听工人对厂方的各种意见和不满。这一"谈话试验"收到了意想不到的结果：霍桑工厂的产值大幅度提高。

学生在学习、成长的过程中难免有困惑或者不满，但又不能充分地表达出来。作为教师，就要耐心地引导学生尽情地说，说出自己生活、学习中的困惑，说说自己对老师、对同学或者对班级工作、学校管理的不满。学生在"说"过之后，会有一种发泄式的满足，他们自己会感到轻松、舒畅。如果他们的困惑得到解除，所有的问题得到解决，提出的建议得到采纳，他们在学习中就会更努力。

教师要善于聆听。其本身就是褒奖对方谈话的一种方式。教师的倾听在无形中提高了学生的自尊心，加深彼此感情，不但有亲切感，而且还有了很多机会进行思想交流，建立和谐的人际关系。下面的一个实例将教师认真聆听学生的心声取得的独特效果，淋漓尽致地显示出来。

许多年前，汤普逊老师对着她五年级的学生们撒了一个谎，说她平等地爱每一个孩子！但这是不可能的，因为前排坐着泰迪·斯塔特——一个邋遢，上课不专心的小男孩，事实上，汤普逊老师很喜欢用红笔在泰迪的考卷上画大大的叉，然后在最上排写个不及格！

某一天。汤普逊老师检视每一个学生以前的学习记录表，她意外地发现泰迪之前的老师给的评语十分惊人。

一年级的老师写道："泰迪是个聪明的孩子，永远面带笑容，他的作业很整洁、很有礼貌，他让周围的人很快乐！"二年级的老师说："泰迪很优秀，很受同学们的欢迎，但他的母亲罹患绝症，他很担心，家里的生活一定不好过！"三年级的老师："母亲去世泰迪一定不好过，他很努力地表现，但父亲总不在意。若再没有改善，他的家庭生活将严重打击泰迪！"四年级老师："泰迪开始退缩，对课业没有兴趣。没有什么朋友，有时在课堂上睡觉。"

直到现在汤普逊老师才了解泰迪的困难，且深感羞愧。而当她收到泰迪送她的圣诞礼物——别人的礼物用缎带及包装纸包装得漂漂亮亮的，泰迪的礼物却是用旧货店的牛皮纸袋困起来——汤普逊老师更觉得难过。汤普逊老师忍住心酸，当着全班同学的面拆开泰迪的礼物，有的孩子开始嘲笑泰迪送的圣诞礼物：一条假钻手环，上面还缺了几颗宝石，另外是一瓶只剩了四分之一的香水。但汤普逊老师不但惊呼漂亮，还带上了手环，并喷了一些香水在手腕上，其他小朋友全愣了。放学后泰迪·斯塔特留下来对汤普逊老师说："老师，您今天闻起来好像我妈妈！"一等泰迪回家，汤普逊老师整整哭了一个小时。就从那一天，汤普逊老师不再教"书"。不教阅读、不教写作、不教数学。相反地，她开始"教育孩童"！

请问老师有在教书吗？为什么她说不再教书？汤普逊老师开始特别关注泰迪，而泰迪的心似乎重新活了过来。汤普逊老师越鼓励泰迪，泰迪的反应越快。到了学年尾声，泰迪已经成为班上最聪明的孩子之一。虽然汤普逊老师说过：她会平等地爱每一个孩子，但泰迪是她最喜欢的学生。

一年后，汤普逊老师在门边发现一张纸条，是泰迪送来的。上面写道：汤普逊老师是他一生遇到的最棒的老师！

六年过去了，汤普逊老师又发现另一张泰迪写的纸条，泰迪已经高中毕业，成绩全班第三名。而汤普逊老师仍是他一生中遇到最棒的老师！

再四年后，汤普逊老师又收到一封信，泰迪说有时候学校生活并不顺利，但他仍坚持下去，而不久的将来他将获得荣誉学位毕业！他再一次告诉汤普逊老师，她仍是他一辈子遇到的最棒的老师！

四年过去，又来了一封信，信里面告诉汤普逊老师，泰迪大学毕业后决定继续攻读更高学位。他也不忘再说一次，汤普逊老师还是他一辈子遇到的最棒的老师！而这封信的结尾多了几个字：泰迪．斯塔特博士。

故事还没结束！你瞧！该年春天又来了一封信，泰迪说他遇到了生命中最重要的女孩，马上要结婚了。泰迪解释说，他父亲几年前过世了。泰迪希望汤普逊老师能参加他的婚礼，并坐上属于新郎"母亲"的位置。汤普逊老师满足了泰迪的心愿。但你知道吗？汤普逊老师竟然戴着当年泰迪送的假钻手环还喷了同一瓶香水，是泰迪母亲过世前最后一个圣诞节用过的香水。

他们互相拥抱，斯塔特博士悄悄在耳边告诉汤普逊老师"汤普逊老师谢谢你相信我，谢谢你让我觉得自己很重要。让我相信我有能力去改变（make a difference!）。"汤普逊老师热泪满盈地告诉泰迪："泰迪，你错了！是你教导我，让我相信我有能力去改变。一直到遇见你，我才知道该怎样教书！"

遇到一生中的贵人时，要记得好好感激。因为他是你人生的转折点。同时，我们也要思考如何当孩子生命中的贵人。

优秀教师要学会控制自己的情绪，即学会管理自己的情绪。管理情绪的方法很多，这里简单介绍几种：1.注重情商（EQ）与逆商（AQ）的训练；2.用积极心理学看待自己及世界；3.合理宣泄自己情绪；4.培育感恩意识，懂得珍爱当前；5.转移注意力。

人无完人，金无足赤，红颜薄命，天妒英才；人要满足，不能知足，人要认真，不能较真。善待自己的缺陷。

哈佛大学心理学教授威廉·唐姆斯说过："我们这个时代的最伟大的发现就是，人类可以通过改变他们的心态来改变他们的生活。"

不能控制他人，但可以掌握自己；不能改变他人，但可以改变自己；改变不了环境，但可以改变态度；不能样样顺心，但可以事事尽力；不能改变天气，但可以改变心情；不能改变生命的长度，但可以增加生命的宽度……

希望每位将来的老师们都有一个美好教书生涯！一个美丽灿烂的人生！

第三部分　生活剪影

第一章　醉在"翡冷翠"

　　我希望在我无尽的生生世世里，有一世是这样一棵可以放任自己、甚至对自己都可以不负责任的柏树。我只能生在那里，长在那里，枯死在那里，没有选择，也不承担责任。

　　　　　　　　　　　　　　　　　　——陈丹燕《来世我愿做托斯卡纳的一棵树》

　　北京时间 2013 年 9 月 11 日早上 7 点 35 分，我从温州机场出发，经由上海到德国法兰克福转机，于意大利时间 9 月 11 日晚上 11 点多到达佛罗伦萨，这个时间已是北京时间 9 月 12 日早上 5 点多（意大利与中国时差 6～7 小时，夏天 7 小时，冬天 6 小时），刚好走了差不多一天一夜。

　　"佛罗伦萨"意大利语是"FIRENZE"，意为"花之都"，徐志摩翻译为"翡冷翠"，位于意大利中部，是托斯卡纳区首府，它是著名的文化古城和艺术天堂，是文艺复兴时期的发源地与艺术中心。我作为中国侨办外派到佛罗伦萨中文学校的一名教师，来到这座城市，我的脑海里不断地搜索着各种风景，将心中的那个有着志摩情怀的美名"翡冷翠"与之一一对应。但我既不是志摩，也不是但丁；不是小曼，更不是圣母。没有诗情，也没有画意，对于徐志摩笔下的"翡冷翠"，我只是一颗渺小的灵魂，虽蜗居在她的心中一年，也只是一个匆匆的过客。看得见,摸得到,却读不懂,看不透,就这样吧,有如灌酒一样把自己醉在这一场美得一塌糊涂的景象中吧。

在佛罗伦萨,每个人都是艺术的缔造者,街头到处弥漫着艺术气息。街头画师的技艺也着实让人折服,欣赏着他们的作品都能让我们忘却了时间。刚到佛罗伦萨,校长夫人谢老师带我们去的第一个地方就是但丁故居。故居位于市政广场边的一条幽深小巷里,那条偏僻的小巷就叫但丁街。我们沿着但丁街走到一个拐角处,眼前出现一座砖石结构的三层小楼,与周围的建筑相比,显得古朴而破旧,一石一砖清晰可辨。我的记忆中对但丁的了解仅仅是欧洲文艺复兴运动的先驱和著作《神曲》,隐约还记得他那句"走自己的路让别人去说"的名言。听了谢老师的介绍后才知道,"我不下地狱,谁下地狱"竟也出自这位大师之口,我之前一直误以为仅是句风凉话呢,汗颜!路过佛罗伦萨稻草市场,看到铜猪像。据说摸铜猪能增加福气,我们是不会放过这个机会的,当然,我们每个人都去摸了。又据当地人介绍,游客可以用任何面值的硬币把它放在金猪的嘴巴里,适时松开你的手指。如果你的硬币能顺利地丢进下方的槽洞中,那恭喜你,说明你近期很Lucky哦,反之……

新圣母广场(Piazza Santa Maria Novella)是意大利佛罗伦萨的一个主要广场,新圣母大殿是广场上的主要建筑。这座广场形成于1287年到1325年,以容纳数量越来越多的道明会修道士(住在附近的修道院中)的听众,由于其尺度较大,后来节庆活动和比赛常在此举行。它是从火车站往市中心途中最快达到的一个地方。新圣母大殿(Basilica di Santa Maria Novella)是意大利佛罗伦萨的一座罗马天主教教堂,坐落在佛罗伦萨主要的火车站,在同名的新圣母车站对面,按年代而言,这是佛罗伦萨第一

佛罗伦萨新圣母教堂

座宗座圣殿，也是道明会在该市的主要教堂。这座教堂之所以被称为"新"圣母大殿，是因为它是建造在9世纪圣母祈祷所的地基上。当这块地基在1221年归属道明会时，他们决定在此修建一座新教堂和毗邻的修道院。这座教堂是由两位道明会修道士，Sisto Fiorentino修士和Ristoro da Campi修士设计。教堂始建于13世纪中叶（大约1246年），大约完成于1360年。教堂里面我们没有进去。

在佛罗伦萨，最有名的是花之圣母大教堂（又译圣母百花大教堂、佛罗伦萨大教堂）。它有着一个巨大的橘红色圆顶，所以很好认，远远地就能看见它，这也几乎成了佛罗伦萨的重要地标，它也是古代欧洲的三大穹顶之一。教堂的外观以粉红色、绿色和奶油白三色的大理石砌成，是一座高106米的哥特式建筑。教堂内部精美的壁画，由多种颜色的马赛克镶嵌而成。所有的精美图案和颜色交织组合而成的宏伟建筑，宛如一件巨大的艺术品屹立在"翡冷翠"的中心，美得无法形容，令人叹为观止。百花大教堂所诠释的美感充分展现了意大利文艺复兴时期自由、古典和唯美的审美趣味，犹如圣母般的高贵优雅，又带有些许妩媚的气质，因此被称为"花之圣母"，是文艺复兴时期留下的不朽的伟大建筑。据说，就连米开朗基罗后来在设计建造梵蒂冈圣彼得大教堂时，也是以此作为参照的范本，他还说过："我可以盖个比翡冷翠教堂圆顶更大的圆顶，但绝无法及上它的美。"可见，圣母百花大教堂真不愧为教堂中的"圣母"。听当地人介绍，圣母生日那天教堂开始动工修建，外立面镶满白、绿和粉红色大理石，形成百花图案，故名"圣母百花"。最令我惊奇的是，据说建造这座教堂的建筑师之前没有绘制图纸，完全凭想象建造。真令人不可想象！

教堂建筑群由大教堂、钟塔与洗礼堂构成，建筑雄伟，规模宏大。1982年作为佛罗伦萨历史中心的一部分被列入世界文化遗产。

高耸入云的钟楼是由文艺复兴早期的巨匠乔托设计。四方形的塔楼比例匀称修长，洁白的花岗岩在阳光下熠熠生辉，表面布满精心设计的拼贴图案和繁复的浮雕。钟楼高达82米，登上顶部露台可以获得360度俯瞰佛罗伦萨的视角，教堂圆顶、阿诺河历历在目。不过需要攀登414级台阶。

洗礼堂是献给城市的守护圣徒圣·乔万尼的，在花之圣母教堂建成之前作为城市的教堂使用。花之圣母教堂建成后，这里作为给佛罗伦萨的儿童施洗的洗礼堂，据说诗人但丁就在这里接受洗礼。

洗礼堂位于大教堂前，外墙装饰采用白色、绿色大理石交错镶嵌而成，白色大理石为卡拉拉石，绿色大理石则产于意大利的普拉托。圣乔万尼洗礼堂为八角形，外墙分为三层，第一层无窗，第二层有窗，有拱券、壁柱装饰，第三层无窗，用大理石拼成几何图案装饰。洗礼堂是佛罗伦萨现存最古老的建筑，据说它的建造历史可以追溯到1400多年前，1059年到1128年间，圣乔万尼洗礼堂进行了大规模的重建。

  洗礼堂共有3扇青铜的大门。第一扇门南门——卡诺尼奇门，建于公元1330年，由安德烈·比珊罗设计，是哥特式的雕刻风格在佛罗伦萨流行之处的代表作。28幅图画生动地讲述圣约翰的生平，是三座大门中最早雕刻完成的。这件作品是意大利佛罗伦萨洗礼堂南院门扇雕塑，每扇门分为14个方形，7个方形为一条，每个方形描绘一个《旧约·圣经》故事，方形四周以花卉和几何图形装饰，四角突起以兽头点缀，门框四周以花卉鸟兽与人物形做装饰，衔接自然，刻画细致生动，代表了典型的文艺复兴时期的图案特征。不同的圣经故事是雕塑的中心。严谨而平稳的构图，人物形象处理极尽精到，漂亮的衣褶赋予形体以生动的语言，并与直线形的门框形成鲜明的对比，适合于佛罗伦萨市民的审美趣味。这件作品是皮萨诺创作中最辉煌时期的典型见证。

  第二扇门位于洗礼堂的北面，教堂的北门——曼多尔拉门由吉贝尔蒂所设计、雕刻，有28幅图画，多取材于新约圣经，雕刻时间早于东门。1401年初，吉贝尔蒂参加佛罗伦萨洗礼堂大门浮雕创作比赛获得第一名，并耗时21年完成了洗礼堂的第二座大门的浮雕创作。

  乔万尼洗礼堂被世人熟知的"天堂之门"，是洗礼堂的第三扇门东门。1425年由洛伦佐·吉贝尔蒂开始创作，共用了27年才告完成。大门共有两扇，每扇门上的浮雕作品都分为五块，采用圣经旧约传说中的十组故事为题材。虽然表现的内容仍然是宗教故事，但却具有完全不同于过去的新的艺术语言。在浮雕作品中，吉贝尔蒂成功地借鉴了绘画的艺术手法，利用高低不同的凸起，细腻地塑造了一个个人物形象，利用透视的手段来再现人物的位置、空间的环境和深度，近处的人物最大，远处的较小，直到最远方融入背景，造成了很强的景深感。镀金的表面则使整个浮雕洋溢着一种黄金色的空气和轻雾的感觉。文艺复兴时期最伟大的雕塑家米开朗基罗对这组浮雕作品赞赏不已，也是他给予了作品以《天堂之门》的名称。大门上的浮雕贴有薄金，我们现在所能看到的浮雕为复制品，原作收藏在圣母百花教堂地下博物馆内。

  离圣母百花大教堂不远，便是西纽利亚广场，又称西尼奥列广场，是佛罗伦萨的市中心。建于13世纪的西纽里亚宫（旧宫），是典型的佛罗伦萨城堡式建筑，全部用方形石块砌成。文艺复兴时期，这座城堡曾经是该城最富有的美第奇家族的私人住宅，现在是佛罗伦萨市政府所在地。高达94米的塔楼、粗糙的石墙与圣母百花大教堂的精致形成了鲜明的对比。整个广场简直就是一座露天雕塑博物馆，各种石雕和铜像作品栩栩如生，形象传神，其中以人们所熟悉的米开朗琪罗的《大卫像》复制品最为有名。位于旧宫左侧的海神喷泉创作于1563—1575年，喷泉中间矗立着用白色大理石雕成的威严魁伟的海神石像，水池正中海马拉的双轮战车上矗立着巨大的白色海神像。水池四周边有多姿多彩、形态各异的青铜雕像。因为海神被放置在侧面，所以有一种说法是海神妒忌地看着大卫。每次经过，都能看到参观者和各国游客在那狂拍照片。文艺复兴发源地的说法真不是盖的。仿佛带你穿越了意大利的前世今生，真的是美不胜收啊！右侧是班迪内利的《赫拉克里斯与卡柯斯雕像》。据说旧宫二楼宽大的礼堂是共和国政府的大会议场有52米宽，23米长，大约十几米的高度，两侧的壁上有米开朗基罗的名作《胜利》王宫里这些目不暇接的艺术品和壁画，都是美第奇家族的私人收藏，多来自文艺复兴时期的大师以及他们的老师。虽然不是佛罗伦萨最著名的美术馆，但足以让我这样的普通人叹为观止，流连忘返。可惜我们没有进去。

佛罗伦萨拥有大大小小的博物馆、美术馆、宫殿和教堂近百座。市政府右手边的小巷里就是世界最著名的乌菲兹美术馆，它在意大利佛罗伦萨市乌菲齐宫内。这里曾经是美第奇家族的事务所，文艺复兴时期凝聚了美第奇家族财力的全部艺术作品都在这里，收藏品达2500件之多，是全世界收藏文艺复兴时期艺术品最丰富的美术馆。1581年，美第奇家族收藏的艺术品开始对外开放。1765年正式对外开放。对于艺术爱好者来说，乌菲兹美术馆无疑是这座"鲜花之城"中的最为瑰丽的奇葩。它以收藏欧洲文艺复兴时期和其他各画派代表人物如达·芬奇、米开朗基罗、拉斐尔、丁托列托、伦勃朗、鲁本斯、凡·代克等大师的作品而驰名，并藏有古希腊、罗马的雕塑作品。当我身临其境，实在不得不称奇赞叹。我是最不懂艺术的人，虽然带着相关简介进去对照着看，还是看得目不暇接，晕头转向。

乌菲齐美术馆共有46个画廊，分为三层，收藏着约10万件名画、雕塑、陶瓷等，是世界上规模最大、水平最高的艺术博物馆之一，大部分是13－18世纪意大利派、佛兰德斯派、德国及法国画派的绘画和雕刻。展品按时代顺序和流派陈列，从这里既可以看到意大利艺术发展的趋势，也可以概括地了解世界艺术、特别是绘画艺术的各种流派。美术馆主要展室位于二层和三层。二层展出达·芬奇、米开朗基罗等人的素描及版画，三层绘画馆有45间展室。从三层到河对岸的皮蒂宫之间的巴扎利走廊，展出达·芬奇、提兹亚诺等画家们的自画像。藏品10万件以上。其藏品之丰，就连1796年拿破仑远征意大利见到该馆的藏品时都垂涎三尺，只是由于它是公共财产，才未敢征收。后来只有《美第奇的维纳斯》雕像，被这位法国皇帝劫掠到卢浮宫，但在复辟时期又被送回。最后由美第奇的末代继承人安娜玛丽亚（Anna Maria Lodovica）捐赠给佛罗伦萨政府。在美术馆里是坚决不准拍照的，这点着实让我郁闷了很久，那么多的艺术品却也只能收在回忆里了啊。它的镇馆之宝有：博尼塞纳的《圣母子》、马尔蒂尼的《圣告》、波提切利的《维纳斯的诞生》和《春》、达·芬奇的《三王礼拜》、拉斐尔的《金丝雀的圣母》、米开朗基罗的《圣家族》、提香的《花神》。下面简单介绍其中四幅。

达·芬奇《博士来拜》又称《三博士来朝》，在圣经《马太福音》提到，东方的博士们夜观星象得知犹太人的新君即将诞生，就赶往耶路撒冷前去拜见。希律王（King Herod the Great）得知此事，要求三博士找到孩子的下落以后禀报他，他也要前去拜访。东方博士根据星宿的指引终于在伯利恒找到了圣母马利亚和圣婴耶稣，那颗预言圣婴诞生地的星宿被称为"伯利恒之星"。博士们对圣母子献上黄金、乳香和漠药等礼物以表达崇敬之意。随后，博士们在梦中接到指示不要再回到希律王处，他们直接回东方去了。《博士来拜》是文艺复兴时期绘画中经常表现的主题之一。

莱昂纳多·达·芬奇（Leonardo da Vinci）是欧洲文艺复兴时期，象征人类智慧的意大利画家、科学家，原名Leonardo di ser Piero da Vinci，1452年4月15日－1519年5月2日，他给后人留下了众多传世名画，以及其他科学领域的研究成果。他出生于意大利佛罗伦萨附近的海滨小镇——芬奇镇的一个叫安奇亚诺的小村庄的一个富有的家庭。达·芬奇的童年是在祖父的田庄里度过的。孩子时代的达·芬奇聪明伶俐，勤奋好学，兴趣广泛。他歌唱得很好，很早就学会弹七弦琴和吹奏长笛。他的即兴演唱，不论歌词还是曲调，都让人惊叹。他尤其喜爱绘画，常为邻里们作画，有"绘画神童"的美称。达·芬奇14岁时，父亲皮耶罗受一个贵族的委托，要画一幅盾面画作为他们家族的标志，他就想让小芬奇试试，看看儿子到底能画到什么程度。小芬奇凭借自己丰富的想象力，用了一个月的时间，画成了一个吓人的妖怪美杜莎。这幅作品完成后，小芬奇请父亲来到他的房间。他把窗遮去一半，将画架竖在光线恰好落在妖怪身上的地方。皮耶罗刚走进房间时，一眼就看到了这个面目狰狞的妖怪，吓得大叫起来。小芬奇则笑着对父亲说："你把画拿去吧，这就是它该产生的效果。" 达·芬奇的父亲皮耶罗·达·芬奇确信儿子有绘画天赋，便将14岁的小达·芬奇送往佛罗伦萨，师从著名的艺术家韦罗基奥，开始系统地学习造型艺术。达·芬奇简直就是一个完美的人，他对天文、物理、医学、建筑、军事、水利、地质几乎无所不知，无所不能。

《圣家族》是一个传统题材，主要是描绘圣母、圣约瑟和圣婴基督，不过米开朗基罗在这一幅画上的三个宗教形象已完全成了民间生活的普通人物了。也许是艺术家长期作雕塑的关系，这里的色调与形体结构稍显生硬一些，为了处理好人物的衣褶关系，光暗的对比较强，明暗转折还不够和谐。这是一个木匠家庭，画家把约瑟、马利亚表现在专注于圣婴的天伦乐趣之中。此种情景通过三个人物的戏剧性组合得到了和谐的世俗化体现。背景上还有几个裸体像，好像有一个野外浴池，圣家族就在一块野地上休息。构图紧凑，主调和谐，给人以亲切感。据说，米开朗基罗在1501年时曾见过达·芬奇的一幅《圣安娜》草图，那么，这幅画是否来自它的启迪呢？这就有待观赏者去品味了。

《乌尔比诺的维纳斯》这幅作品表现出提香细腻描绘的功力与创新构图。画面前方横躺着一位身体匀称的裸体美女，她身后的一大面黑色布幕遮住了左半边画面，右半边则表现出室内的情景与空间。提香将背景从中切开做差异性极大的处理，一方面在引起观赏者想知道黑幕后面是什么地方？另一方面也让大家满足内心偷窥的欲望。提香处理这种题材及构图的方法，在绘画史上都是一种挑战与突破，19世纪法国写实主义与印象主义时期的画家马奈受了这幅画的影响创作了《奥林比亚》。画家马奈将维纳斯置于一间贵族的居室中，似乎成了居室的主人。她的卧榻旁边有一只小犬相伴，内室有一位侍女为浴后休息的女主人备衣。提香将维纳斯置身于具有浓厚家庭情趣的环境中，有助于加强亲近温存之感，同时迎合了上层社会的口味。在维纳斯的形象的塑造上，画家充分发挥了健美风格特色，着意于刻画理想的、健康完美的女性。维纳斯丰满、自然、柔和、充满了女性的青春美。这幅维纳斯成为提香类似题材中的佼佼者，也成为裸体女像中难以企及的典型。

《金翅雀的圣母》这幅圣母像上一共画了三个人物，圣母、耶稣与约翰。但人物没有一点宗教标签，圣婴与约翰都画成幼儿形象。年轻的圣母，就像带着两个孩子的民间母亲。构图取金字塔式，据说这是他效法佛罗伦萨莱奥纳多·达·芬奇的结果，因为这种构图在当时正是达·芬奇的成功首创，它具有很强的稳定感。这个时期拉斐尔画的圣母与圣子，都以风景为背景，人物的数目也雷同，而且具有共同性的母爱主题。在金字塔形的构图中，倚在圣母怀中的小耶稣和小约翰，抚弄停在圣母膝上的金莺的动作，自然且贴切地传达出对幼小孩童的呵护情意。

这幅画还体现了许多爱的小细节：小约翰和小耶稣抚弄停在圣母膝上的金莺——由于是依在圣母怀里，抚摸的动作很自然贴切；圣母慈爱的关注着，带着极细微的笑，圣母左手拿着祈祷书，眼睛不看书而是看着孩子手的动作，右手轻抚着动作较大的那个孩子，左边的孩子踩在圣母脚上；两个孩子都在母亲的臂膀之内且都靠着膝，这些无不传达出母亲呵护幼儿的光辉，亲密的身体接触让人心动，这个动作表现了人情和天伦叙乐，使很可能流于呆板和千篇一律的圣母像顿时变得亲切动人。这确实是一个不平常的动作，具有表现人情与天伦乐趣的特殊意义；这样一个细节，透过拉斐尔充满爱意的完美笔触，随着时间季节的不同而采用不同的光线与色彩所描绘的环境，显得有血有肉、栩栩如生。画面的背景是山村田园，依然是墨绿暗金，圣母外着墨绿衣裳，内穿暗红衣服，适当的光打在圣母与圣子的裸露的皮肤上，光洁而祥和。

从乌菲兹美术馆下来后就可以步行前往阿诺河上的维琪奥桥（Ponte Vecchio），维琪奥桥建于1345年，为翡冷翠最古老的桥梁。也是欧洲出现最早的大跨度圆弧拱桥。Vecchio这个字是古老的意思。维琪奥桥是佛罗伦萨著名的地标之一。桥上风光绚丽，络绎不绝的游客也是桥上亮丽的风景之一，两岸的建筑更是让人惊奇不已啊。街道两旁金灿灿的首饰看得我眼冒金星，只可惜价格偏贵了些，而且对于质量方面也不知道有没有保障。桥上两边都是特产品的专卖店，商店的背后伸展到河上，特产店以贩卖宝石和贵重金属为主。所以中国人称其为"金桥"。金桥是佛罗伦萨众多桥梁中最著名的一座，桥上原本一间间的商店里是铁匠、屠夫和皮革商，在被一个叫费迪南度的公爵赶走后，才改由珠宝店及金匠来承租，使这座桥的气质整个改观。桥中央可以参观著名画家、雕刻家佐利尼的半身铜像。相传意大利伟大的诗人但丁就在此桥上与他终生热恋的女子贝雅特丽齐相遇。

保罗茨落校长还特地带我们去了圣十字教堂。圣十字教堂是座"名人祠"，在这座哥特式建筑里，建有众多意大利文学、艺术、科学和政治人物的陵墓和纪念碑，包括但丁、米开朗基罗、伽利略、马基雅维利、罗西尼等276位伟人。内部的装饰也出自许多艺术家之手，其中最出名的有走廊右侧第5根廊柱上多纳泰罗的金色浮雕《圣母领报》、正殿的巴尔迪礼拜堂内乔托的湿绘壁画《圣弗朗西斯科的一生》(*Lavita di San Francesco*)、左侧廊多纳泰罗的《十字架》(*Crocifisso*)。如果不是校长带领，作为一般的游客是不知道去看这座教堂的。

皮蒂宫是典型文艺复兴时代建筑，美第奇家族的宫殿。它也是保罗茨落已退休的CARLO testi校长带我们去参观的。CARLO testi校长告诉我们，这儿是他儿时的乐园呢，小时候，他就住在皮蒂宫附近。说由于它是1457年佛罗伦萨商人皮蒂开始建造，因此而得名。1465年被科西莫·美第奇买下并由布鲁涅内斯基重新设计，1764—1783年间又添加了两侧辅楼，最终成为现在看到的样子。宫殿内部装饰为经典的17—18世纪巴洛克风格，分帕拉蒂纳绘画馆、银器博物馆、近代绘画馆、服装博物馆、陶器博物馆、音乐厅等，总称为皮蒂美术馆，收藏着美第奇家族拥有的艺术品和珍宝，其中包括拉斐尔的11件作品。由于佛罗伦萨有太多的艺术珍品，现如今，除了记得当时的惊叹声以外，没有记下更多的东西了！

在佛罗伦萨，还不得不说米开朗基罗广场，该广场位于城市东南的小山上。我们在一年的时间里，仅去过两次，一次去旅游，一次是晚上去观看烟花表演。广场的中央安放着米开朗基罗《大卫像》的复制品。在广场上能看到佛罗伦萨整个城区；黄昏时分，从广场上眺望被阿诺河一分为二的佛罗伦萨老城区玫瑰色的老房子和花之圣母大教堂的圆顶，会给人留下难忘的印象。

总以为，在佛罗伦萨一年，有的是时间。可是等到回来了，才后悔去的地方实在是太少了，无端的在家里浪费了很多时间。其中波波里花园就是一个。我自大地以为，花园嘛，就是……花园呗。

可是自从看了BBC拍的四集纪录片《意大利花园》，我又一次狠狠地被现实教训了，永远不要自以为是！眼见方为实。

1549年时，威尼斯大公柯西莫一世的妻子Leonor Álvarez de Toledo请建筑师

Niccolò Tribolo 开始建造为碧提宫打造后花园，现在所看到的整座庭园设计，大体上都是 Tribolo 的巧思。

波波里花园（Giardini di Boboli）依着碧提王宫后方斜坡丘陵而建，可以说是美第奇家族的"御花园"，它是一座16世纪的意大利式庭园，外围有一个圆形剧场，沿石阶而上，眼前是米开朗基罗所设计的贝鲁贝德勒要塞。在这片广大色调层次明晰的绿地上，景色非常优美，有喷泉、洞室，装饰着雕像，不禁让人感叹，意大利太美了！

2013年6月，波波里花园和其他13座美第奇家族的花园和别墅被列入了世界遗产名录。

翡冷翠，是一座尊重历史、崇敬伟人的瑰丽名城。在经历了几个世纪的风雨后，仍不施脂粉的保留着它的中世纪原貌。这里的一切我都爱。我喜爱那古老幽深的街巷，幽静的空无一人，那干净美丽的庭院，狭窄天空中的蓝天白云，巷子里的巧克力店和 Bar 等等，它们也无时无刻不在吸引着世界各地的游客。

一座城市，是否值得回味，还得问问你的胃！也许对于像我一样的凡人，估计也只有食物才能更令我念念不忘，让我更能读懂城市的别样韵味。对于我来说，翡冷翠等于红酒、比萨、意大利面、牛排、几拉多（Gelato）、牛肚包、提拉米苏的代名词！样样都令人难以忘怀！我想，我将永远也不会忘了你——翡冷翠！你的一切已融入我的灵魂。

如果说托斯卡纳是一个世界，意大利就是整个宇宙。弗朗西丝·梅耶斯在《最接近天堂的人间——深度享受托斯卡纳的"慢"生活》（陈媛媛（译者）2013年12月出版）中写道："给我五辈子的时间，也不足以将这里探索完全。"

人们来到托斯卡纳，是为了追寻一切美好的事物——艺术、美食、红酒、伊特鲁里亚文明、柏树，还有橄榄。这里的人们淳朴、直爽而谦恭，这在他们的脸上表露无遗。一张张坚毅脸庞的背后，是伊特鲁里亚永恒的城墙，是迷雾中柏树坚实的身躯，是让人们难以忘怀的历史片段，是植根于伊特鲁里亚人哲学的好客热情，是掠过空荡荡麦田里的光，是异教与自然的亲密，是狭窄的阶梯路投在城中的影，是众人围坐在桌边尽情欢笑的夜。你越了解这里，就越爱这里，而越爱这里，就越享受这里。

一年以后我才恍然大悟，托斯卡纳的美其实不在佛罗伦萨这样的大城市，甚至也不在锡耶纳、卢卡这些著名的旅游地，她的美隐藏在阳光下的小城中，古老的盛典与狂欢中，林间的野趣与欢笑中，传统菜肴的味道中。

佛罗伦萨是个让人流连忘返的地方，每一处都会让你眷恋不已。到离开的时候，才深深觉得功课做得不够，历史知识如此匮乏。它的美需要厚重的积淀，它的美需要时间的消化。虽有一年，却也还觉得不够，虽很迷恋，但不得不再见！

第二章　现代都市米兰

　　米兰是我们最早去的意大利城市之一。2013年9月份的开学初,佛罗伦萨刚好有个世界自行车比赛经过学校门口的马路。于是学校放假3天。米兰就是在那三天里由我老公的同学小秋姐开车带我们去的。小秋姐去意大利已经有十多年了,住在博洛尼亚,生意做得很好,那段时间刚结束了博洛尼亚的服装事业想到米兰发展,具体事项还在斟酌中,于是有时间带我们出去玩。感谢小秋姐的热情相待,她活泼开朗积极向上,是我们仰慕的对象。

　　米兰位于意大利北方,是伦巴第大区首府,意大利的第二大城市,伦巴第王国首都,米兰公国都城,现为世界最为著名的国际大都市之一。以金融中心和时装设计为支柱产业,旅游业并不突出,但是一座精彩绝伦的大教堂却让所有的游客为之驻足。我们也不例外。

　　对于米兰大教堂,我们晚上、白天共去了两次。大教堂的建筑风格十分独特,既具哥特式的威严又兼巴洛克式的华丽:上半部分是哥特式的尖塔,下半部分是典型的巴洛克式风格的复杂典雅,是文艺复兴时期具有代表性的建筑物,极富艺术色彩。雕刻和尖塔是哥特式建筑的特点之一,米兰大教堂可以说是把这些特点表现得淋漓尽致。

　　傍晚和煦而温暖的阳光将大教堂装扮得格外精彩夺目,我徘徊在大教堂广场仔细瞻仰这座极美的人类智慧的结晶。大教堂整个外观极尽华美，主教堂用白色大理石砌成，是欧洲最大的大理石建筑，有"大理石山"之称，美国作家马克·吐温称之为"大理石的诗"。教堂外部给人的第一感觉就是一座大理石森林，密布的扶壁、尖塔、墙面线条无不垂直向上，使其既有庄严稳重的身躯又具轻盈灵动的翅膀，整个外形充满着直抵天空的升腾感。高耸的塔尖仿佛从狭窄的街巷里凌空而起，飞身扎入深邃的蓝天，将信徒们的虔诚祷告引向遥远的天国。据考证，教堂内外墙上布满的雕像共有6000多尊，仅外墙上就有3159尊之多。雕像的主题多为圣经故事等宗教题材，各种雕像千姿百态，造型生动，尤其是在阳光的投影下更加活灵活现，仿佛把蜚声世界的意大利歌剧搬到了墙上。教堂正面5扇巨大的铜门上的方格里，雕刻着教堂历史、神话与圣经故事，无不栩栩如生。外墙上还分布着雕刻精美的花格窗，加起来全长约半英里（1公里），打破了石墙的单调厚重感。

彩色玻璃大窗是哥特式建筑的显著装饰特色之一。米兰大教堂的玻璃窗可能是全世界最大的，高约20米，共有24扇，主要以耶稣故事作为主题，这些五百多年前造的彩色玻璃至今仍光彩夺目。当阳光透过彩色玻璃射入教堂时，照亮了信徒们的光辉形象，令整个教堂洋溢着神与天空的圣洁气氛，让我明白宗教的美原来可以这样宣示。大厅两边的高处挂满名家的画作，可惜由于光线昏暗而难以详查。但所有游客都不会忘怀大厅内一尊令人毛骨悚然的大理石雕塑，这是著名的圣巴塞洛缪，他是被活活剥皮而殉教的，该雕塑正是描绘了圣人手拿折叠好的自己人皮的情景。

大教堂内还藏有许多艺术珍品和米兰名人的陵墓。一直以来一些闻名于世的神父，选择了死后安葬在大教堂之下。大厅里供奉着15世纪时米兰大主教的遗体，头部是白银筑就，躯体为主教真身，所以米兰大教堂堪称圣殿。

米兰大教堂还有一绝——顶部！遗憾的是，许多人因为没有做足功课或是跟团的原因而与之擦肩而过。当你饱览了大教堂内外的庄严、华丽、繁复,也许会问,顶部还能有何精彩?我也是抱着这样的疑惑上去的——尽管之前我已经做足了功课。出了电梯,我一下子就像置身于大理石的森林中。你绝对想象不到看过了外面、下面的密密麻麻后,楼顶上会有更多的密密麻麻!那些向上聚集的大大小小的尖塔全都汇集于此,整个教堂顶部居然耸立着135个尖塔。不仅于此,每个尖塔上还都有精致的人物雕刻。另有150个水道,410个大理石支架,上面均装饰有浮雕。塔林直立挺拔,给人以飞腾升华、超脱尘世之感,整个楼顶简直就像个哥特式建筑的博物馆。围绕着楼顶的平台绕行一圈,只看得我眼花缭乱,犹如在雕刻的树林里穿行。看到这里读者也许会被我的描绘感染,真的是不虚此行。不,欣赏绝景还得更上一层楼!找到功课上查看过的小门,登上了真正的楼顶(许多人并未到达真正的楼顶),屋顶两边的尖塔把你的视线引向大教堂的最高潮——最高尖塔上的镀金圣母像,大教堂最初的正式名称为"圣母诞生大教堂"就是由此而来。在这与天接壤的教堂顶部,仰望映衬在夕阳余晖里的圣母,不禁让人心中充满圣灵,感觉飘飘欲仙几乎随风羽化而去!

  大教堂从上而下、由内而外满饰雕塑,极尽繁复精美,整个教堂就是一个巨大的艺术品!

第三章　科莫湖和贝拉角（Bellagio）

科莫湖位于意大利北部接壤瑞士。

科莫湖沿岸村镇众多，其中，以贝拉角（Bellagio）最为出名。贝拉角是湖中许多小镇之一，它的名称在意大利语中意为"位于两湖之间"。这个小镇位于科莫湖"人"字两笔画的交叉处，坐落在俯瞰科莫湖两处水湾的起伏不平的岬角上，四面环山并与阿尔卑斯山隔湖相望。它的景致独一无二，是科莫湖吸引游客最多的地方，被誉为"科莫湖畔的明珠"。小镇名气很大但面积很小，不看景30分钟就转完一圈（不包括两座别墅花园）。小镇是热闹的。一条窄窄的商业街和几条小巷，高低起伏的台阶两旁挤挤挨挨排满五花八门的礼品店、酒窖和餐馆，带着满脸好奇的游客三五成群地在其中寻找自己的所爱，餐馆里和码头边永远簇拥着成群的游客。小镇是安静的。弯弯曲曲的鹅卵石窄巷曲径通幽，串联起一座座深藏不露的大宅小院，家家户户门口石阶上花团锦簇，羞答答的玫瑰静悄悄地开，三两个颇有雅兴的游客手拉手在小巷和老屋间探头探脑，寻找一份期待中的惊喜。有那慵懒的度假者，避开米兰的时髦繁华，在水一方，端一杯葡萄酒，或捧一本书在手，倚在旅馆的阳台上，面对湖水眼中无人。看天空云卷云舒、看湖上帆来船往、看山峦在云影下阴晴变换，完全沉浸在自己的意境里。阳光西斜，夕阳带走了一天的热闹，小镇复又沉入昏暗朦胧的安静，只有一家家酒吧餐馆透出的暖

色调的灯光营造着小镇的浪漫氛围。晨光初照,小镇从梦中醒来,湖畔幽美而宁静,金色的朝阳把大树的影子长长地投射在碧绿的草地上,湖面水波不兴,飞鸟不鸣,游鱼浅翔,游客忘情在湖边、融化在山水之间……

美丽宁静的环境、温和湿润的气候吸引了人们的目光。罗马帝国时代,这里就是王公贵族和名流艺术家们争先修建豪宅别墅的好去处,许多欧美社会的名流为拥有一栋科莫湖畔的别墅而感到骄傲。于是,人们为享受科莫湖的美丽环境而纷纷来此营建千姿百态的花园别墅,而争奇斗艳的花园别墅也成了科莫湖的一大景观。科莫湖以拥有众多的古典豪华的VILLA而声名在外。"VILLA",意大利语为"别墅"的意思。贝拉焦的梅尔齐别墅(Villa Melzi),曾经是拿破仑时代著名的政治家梅尔齐的别墅,花草树木繁茂的花园里点缀着大理石雕像和阿拉伯风格的凉亭。贝拉角斜对岸的特拉梅左(Tremezzo)小镇上有号称科莫湖明珠的卡洛塔别墅(Villa Carlotte),春暖花开时满园的杜鹃花会醉倒游人。瓦伦纳(Varenna)小镇上茂盛的树林中有著名的莫纳斯特柔别墅(Villa Monastero)……这些别墅有其共同之处,即花团锦簇的花园簇拥着装饰华丽、雕像林立的豪宅,且门票都不便宜,一般根据参观全部还是仅花园或别墅一处而分别为6~12欧元。

这就是科莫湖,阿尔卑斯雪山淌下的一滴清莹的水珠,美丽的湖光山色和安宁华丽的人文景观足以让你难以忘怀。

第四章　上帝将眼泪流在了这座城

上帝将眼泪流在了这座城，却让它更加晶莹和柔情，色彩在这里找到了归宿，争相吐艳地蔓延开来。

——威尼斯

早就听说"水城威尼斯"，一直对这座世外桃源般的水上都市心存向往。所以到了意大利，第一个周末，一有机会，第一站就去了威尼斯。终于有机会一览水城胜景了，心里相当的激动。

威尼斯是文艺复兴的精华，是世界上唯一没有交通车的城市，上帝将眼泪流在了这里，却让它更加晶莹和柔情。威尼斯的风情总离不开"水"，蜿蜒的水巷，流动的清波，它好像一个漂浮在碧波上浪漫的梦，诗情画意久久挥之不去。它有"因水而生，因水而美，因水而兴"的美誉，享有"水城"、"水上都市"、"百岛城"、"亚得里亚海的女王"、"桥城"等美称。

在威尼斯，没有车，只有船。自驾车要停在进岛前的停车场里，这里的岛外停车场很有特色，据说，因为游玩客人多，需要一层一层上去，甚至要上到十来层，很是壮观。我们小秋姐不敢上，请求管理员帮忙，结果让我们停在第二层上。威尼斯水上交通全靠船，这里的船有三种，一是摆渡船，二是出租船，三是独具特色的威尼斯尖舟，它有一个独具特色的名字——"刚朵拉"（意大利语为"GONDOLA"，又译为"冈多拉"或"贡多拉"）。

我们就是坐摆渡船进的岛，这种摆渡船坐起来一点也不晕，还能同时沐浴阳光，沿途拍照片，真的是非常惬意。

圣马可广场是威尼斯的中心广场，这也是我们第一站要去的地方。广场东面的圣马可教堂是威尼斯最大的教堂，建筑雄伟、富丽堂皇。我们去的时候教堂外墙在维修，教堂里面确实也非常雄伟壮观，据说圣马可广场是威尼斯的明珠。它最美丽的时候是上潮的时候，一片潮水如同在广场铺上一面巨大的镜子，使所有建筑像镶嵌在水晶或玻璃中间，显得更加玲珑剔透，光彩照人。加上周围咖啡馆的露天陈设，游人们鲜艳的衣着，五光十色，上下辉映，形成了一幅极其迷人的图画。广场上，母亲们带着孩子在水中嬉戏，年轻人脱去鞋袜来回奔跑；大群大群的鸽子，时而簇拥在地上觅食，时而又带着扑扑拉拉的振翅声，飞满整个广场的上空。

与圣马可教堂毗连的是总督宫，总督宫是以前威尼斯总督的官邸。严整、华丽的总督宫，用粉红色和白色的大理石砌成。总督宫是威尼斯国家元首的府第，也是大议会和政府的所在地。各厅都以油画、壁画和大理石雕刻来装饰，十分奢华。总督宫后面的叹息桥是已判决的犯人去往监狱的必经之桥，犯人过桥时常忏悔叹息，因而得名"叹息桥"。可惜，并没有感觉中的那么壮观，桥上开了很多杂货铺，意大利人真不愧是号称"欧洲的中国人"。所有的楼房建筑都建在水边，据说底楼是不住人的，因为涨潮的时候底楼的房间会被淹没。威尼斯的河水非常的清澈，没有一点异味。看来欧洲人真的非常有环保意识。游完主岛后，我们五人（小秋姐、她妹妹和我们外派老师三人）又来到了玻璃岛。玻璃岛上开了无

数的玻璃制品店。号称意大利的玻璃里面不含硫磺，所以质量比较好，我们这些外行就只能看看热闹了。参观了一家玻璃制品厂，现场观摩了简易玻璃制作过程，真有意思，那个工艺确实让人叹为观止。厂里的玻璃制品五花八门，让人眼花缭乱，太好看了，可惜不让拍照。不过就是太贵了，又不方便带回去，所以只能观赏而已。

游完玻璃岛，我们又回到了圣马可广场站，因为我们还没有坐刚朵拉，还没感受这种轻盈纤细、造型别致的小舟。刚朵拉有十分悠久的历史，据1094年文献记录，其名来自7世纪时的第一任总督。11世纪是刚朵拉最盛行的时期，当时的数量超过了一万只，但如今的威尼斯仅剩下了几百只刚朵拉。刚朵拉的外观设计原本是各式各样的，16世纪时的刚朵拉外表异常艳丽，贵族们经常乘坐装饰着缎子和丝绸、雕刻精美的刚朵拉炫耀自己的财富。为了遏制这种奢靡的风气，威尼斯元老院颁布禁令：不准在尖舟上施以任何炫耀门第的装饰，已经安装的必须拆除，所有的刚朵拉都漆成了黑色。唯一留下来供装饰用的只有船头的嵌板。这一传统一直被保持了下来，如今的刚朵拉也是统一的黑色，只有在特殊场合才会被装饰成花船。"刚朵拉"一直是居住在泻湖上的威尼斯人代步的工具。这种小舟有两个部位可体现工匠们的想象力，一个是自然奔放的船头，很像15世纪和16世纪用的六齿钺戟（每一个齿代表威尼斯的一个区），另一个是依奥尼亚式船尾。到了18世纪，这种威尼斯尖舟的形状和大小会慢慢地固定到我们今天这个样子。

今天这种小舟一般长为10.75米，宽为1.75米。小舟的平底呈不对称型，这样可以较好地保持只靠一侧单桨划船的平衡。从前的刚朵拉的中间船舱还有一个可以活动的船篷，用来给旅客遮阳挡雨，有的船篷上面开有小窗和小拉门。后来这种船篷也消失了。

到了这里刚朵拉是省不掉的。刚朵拉船夫只穿着一件带横条的紧身针织上衣，戴着一顶草帽。过去船夫们的制服是很奇特和考究的。划船的时候，船夫站在船尾上，用搁在弯曲的桨架上长长的单桨划。平日，刚朵拉主要作为旅游船使用，乘坐刚朵拉费用较贵，平均每40分钟约为70~120欧元。我们跟他讲好价钱是100欧元。坐在冈朵拉里感受威尼斯大街小巷的风光十分惬意。有种宁静之美。街道两旁都是古老的房屋，底层大多为居民的船库。连接街道两岸的是各种各样的石桥或木桥。它们高高地横跨街心，一点儿也不妨碍行船。有些水道很狭窄，两条船不能并开，只能单行。路上，我们还遇到一个歌唱家在船上唱歌，歌声优美，带来了一路的掌声。

威尼斯有船，有桥，有人家，一个梦中的水乡。可以说，这是上帝最为眷恋的一座城，去过了，知道它的美。因为没有车，所以给人心平气和的感觉，更给人远离世俗，逃脱烦躁的感觉。

总有一天，我还会来到你的面前，带着我的美梦，还有我的爱人。

第五章　意大利首都罗马

我们到达罗马时刚碰上阴雨天气。罗马倒也不会因为这样的阴雨而失色，反而在雨水的浸润中越发显得古旧沧桑，千年积淀的底蕴尽现。

我们去的第一景点是罗马斗兽场，斗兽场是古罗马文明的象征。遗址位于罗马市中心，它在威尼斯广场的南面，古罗马市场附近。如果说罗马真有什么标志，我想非古罗马斗兽场莫属了。这是罗马皇帝为了庆祝征服的胜利，强迫沦为奴隶的8万名俘虏修建的，至今已有2000年的历史。从外观上看，它呈正圆形；俯瞰时，它是椭圆形的。罗马斗兽场原本是依照古希腊剧场修建的，但修建完成之后被用作斗兽表演之用，而不是戏剧表演。传说从竞技场建成当天开始，罗马人举行了百天庆祝活动，杀死了11000只各种牲畜。整个斗兽场可容纳观众5万人之多，从功能、规模、技术和艺术风格各方面来看，罗马斗兽场是古罗马建筑的代表作之一。这里却终年人来人往，看着这一大片残垣断壁，想象着当年有5万人在这里观看猛兽与角斗士之间的惨烈厮杀，心头不由得一紧。也许正是古老岁月中的野蛮和狂热，成就了它如今凛然和独绝的气质。热播节目《花儿与少年》里少爷张翰说就选择在这里举行自己的婚礼，是吧？这么阴森冷酷的地方，真的适合举行一场温暖浪漫的婚礼吗？笔者深表怀疑。但其实，即使是在今天看来，古罗马斗兽场依然是无比壮观的。从现在仅存的遗迹中，我们仍能看出这座斗兽场的观

众席有着非常鲜明的等级划分。有专门为皇室成员准备的包厢,有为红边长袍和元老们准备的唱诗席,然后是武士、平民的席位,最顶层的看台只能站着观看,那是留给女人、奴隶和穷人的。

君士坦丁凯旋门建于公元 312 年,是罗马城现存的三座凯旋门中年代最晚的一座。是为了纪念君士坦丁大帝统一罗马帝国而建的。凯旋门上方的浮雕板是从罗马其他建筑上直接取来的,主要内容是安东尼和哈德连等皇帝的生平业绩,下方则是君士坦丁大帝战斗的场景。据说这座凯旋门上保留着罗马帝国各个重要时期的雕刻,可谓一部我不喜欢的罗马雕刻史。但我们看到的凯旋门当时正在修建,未能一睹全貌。

晚上,我们决定去西班牙广场看看。坐地铁 A 线到 Spagna 站,出站后走不远就到达西班牙广场,由于这里每天都有很多人去参观,所以随着人流走就基本没问题啦。西班牙广场其实没有太多特别之处,原本因为附近的西班牙大使馆而得名。但是这里却终年人来人往，公主与美国记者在《罗马假日》里站在台阶上的画面成了这里最好的名片，无数情侣在此追寻赫本的足迹，坐在台阶上品尝着冰淇淋。西班牙广场对面的街巷里，有很多知名品牌店铺。我们是晚上去的，没来得及去逛，时间充裕的可以去转转。广场位于罗马的市中心地带，著名景点有圣三一教堂（Trinità dei Monti）、西班牙阶梯和破船喷泉（La Fontana della Barcaccia），同时毗邻名品商街水道大街（Via dei Condotti），因此人声鼎沸。而它更出名于经典电影《罗马假日》，如果说巴塞罗那是高迪的天堂，那么提到罗马就不得不说到贝尔尼尼。贝尔尼尼是伟大的雕塑家、建筑家，也是巴洛克风格的创始者。在罗马，可以找到非常多贝尔尼尼设计的建筑和雕塑，在西班牙广场，阶梯和破船喷泉就是他设计的，而且破船喷泉是贝尔尼尼的代表作之一。可惜，我们去的时候，破船喷泉也在修建，不能欣赏它的特色美！

回旅馆的路上，特地经过"许愿池"。《罗马假日》中，公主离开记者的住所，一个人在街市上闲逛，就曾经路过这个"许愿池"，但它正式的名称其实是"特雷维喷泉"或者"少女喷泉"。据说，背对着喷泉，从肩上投出一枚硬币，如果能投进水中，就能梦想成真。那这梦想还真容易实现，这么大一片水，还能投不进吗？喷泉背后是雄伟的宫殿，设计师萨维巧妙地借景，使喷泉与宫殿雕塑融为一体。这座喷泉讲述的是罗马神话中海神尼普勒战胜归来的故事。站在海贝中间的尼普勒有着藐视众生的桀骜

神情。两个人身鱼尾的男人牵着两匹骏马，一个温顺另一个桀骜不驯，象征着平静与汹涌的河流。这么多年过去，许愿池还是《罗马假日》当年的模样。但许愿池的周围已是人山人海。想要挤到前面去丢颗硬币许个愿，都变成困难的事情。晚上的许愿池，加上灯光和昏黄的天色，真的百闻不如一见的美。我们也是硬挤进人群在河边拍了一张照片留念。

第三天,是属于圣经的一天。这一天,属于圣彼得大教堂和梵蒂冈,圣彼得大教堂一般称为圣伯多禄大教堂,由米开朗基罗设计,是天主教教堂。天主教徒的朝圣地与梵蒂冈罗马教宗的教廷,位于梵蒂冈,是世界五大教堂之首,世界第一教堂。我们抵达圣彼得广场大约是上午九点,教堂前面的两重柱廊围绕的巴洛克式广场上已经围了一大圈人,还好,队伍排的时间还不算长,我们进去以后就先排队上教堂穹顶。在穹顶可以俯瞰钥匙孔形的广场和整个罗马城,景色相当壮观。

圣彼得(圣伯多禄)是耶稣的 12 门徒之一,据说圣彼得大教堂所在位置就是他的安葬地。而现在的教堂内部,收藏着圣彼得的骸骨。作为天主教最核心的建筑,这座教堂融汇了非常多古代著名的建筑设计师、艺术家们的智慧精华,其中圣彼得广场上弧形走廊的柱子和雕塑是贝尔尼尼的作品;广场中央的方尖碑是罗马教廷从埃及运来的;教堂的大圆顶是米开朗基罗设计的;很多人都以为圣彼得的骸骨是在照片的盒子里,其实是在这个盒子后面的墙背后。看过《天使与魔鬼》的朋友们应该很熟悉,就是最后麦克格雷格自焚的地方。圣彼得之墓,上方的大圆顶华丽至极,是米开朗基罗的设计。贝尔尼尼的作品,雕塑的核心是教廷历史上非常贤明的一位教皇,他脚下拿着沙漏的骷髅代表死亡,面对死亡教皇表情十分安详,而他周围的几名女性雕像各自代表了智慧、美德等,用来表达这位教皇的崇高品质。

圣彼得大教堂具有明显的文艺复兴式和巴洛克式建筑风格,罗马式的圆顶穹窿和希腊式的石柱散发着古典的浪漫气息。这座教堂自 1506 年开始破土动工以来,在长达 120 年的修建过程中,凝聚了布拉曼特、拉斐尔、米开朗基罗、贝尔尼尼等众多顶级建筑大师的智慧和心血。一位位大师在修建过程中去世,又有一位位大师继承前人的艺术思想,融入自己的创作思维,最终完成了这一鬼斧神工之作!进入圣彼得大教堂的一瞬间,我们都震撼了、惊呆了。整个教堂辉煌耀眼,汇聚着数不清的艺术珍宝,美得令人窒息。米开朗基罗生命的最后 17 年都献给了这座大教堂，他将原有罗马式的半圆形拱顶改成了如今的拱肋式大穹窿，造就了如今宏伟的视觉效果。由于工程的浩大，米开朗基罗最终没有看到他设计出的圣彼得大教堂建成后的样子。不过令人欣慰的是，后来接任他的建筑师都忠实地执行他的设计方案，所以现在人们看到的圣彼得大教堂正是米开朗基罗所希望看到的样子，算是对他在天之灵的慰藉吧。

教堂内最有名的作品是米开朗基罗24岁时的雕塑作品《圣母哀痛》。在这件作品中，米开朗基罗把圣母玛利亚描绘成美丽的少女，原因是她从未受到过原罪的亵渎，因此少女的仪态更能表现出她圣洁的形象。而在她怀中的耶稣，刚刚从十字架上被解放下来。面对儿子的死，玛丽亚满怀悲痛，但是她也同时深知耶稣是在等待涅槃，因此她恬静而悲伤，同时也流露出些许期待。这种复杂的感情，在作品中被米开朗基罗刻画得淋漓尽致。这是教堂中唯一一座被玻璃隔开的雕塑，据说是曾经受到不知什么人的攻击毁坏，因而加强了保护。

殿堂的中央是贝尔尼尼最伟大的杰作——青铜华盖。由4根螺旋形铜柱支撑，足有5层楼那么高的华盖，在宏伟的穹顶之下，闪烁着耀眼的光芒。华盖前面的半圆形栏杆上永远点燃着99盏长明灯，而下方则是宗座祭坛和圣彼得的坟墓，只有教皇才可以在这座祭坛上，面对东升的旭日，当着朝圣者举行弥撒。殿堂尽头是贝尔尼尼的另一件不朽杰作——圣彼得宝座，镀金的青铜宝座上方是光芒四射的荣耀龛及安有象牙饰物的木椅，椅背上有两个小天使，手持开启天国的钥匙和教皇三重冠。如今圣彼得教堂作为欧洲天主教徒的朝圣地，仍然接纳着来自世界各地的朝圣者。教堂内保存着许多文艺复兴时期著名的绘画与雕刻，置身其中，让人不禁感叹宗教与艺术的完美结合与慑人的魅力。圣彼得的铜像在教堂里非常具有"人气"，因为据说抚摸铜像的脚便会有好运气。所以铜像脚的部分已经被摸得锃亮了。人多的时候摸脚都要排队的。我对雕刻与绘画没什么研究，可以说一窍不通，所以虽然我看得出这些雕像有多么生动，却依然无法完全欣赏和领会这些伟大的艺术作品的内在神韵。如果是自幼学画者进入这座教堂就一定会有不一样的表现，因为这里对于学画的人而言简直就是天堂，她们更能被这些伟大的艺术作品震撼和感动。

教堂的左侧有一队卫兵，这就是传说中的瑞士卫兵。他们身穿的别致制服500年不变，据说是米开朗基罗设计的，手中的长戈也是15世纪的产品。

梵蒂冈博物馆是罗马最热门的景点之一。排队的队伍从圣彼得广场外侧开始，沿着梵蒂冈的城墙蜿蜒至少上千米才到博物馆的门口。并且由于博物馆限流，队伍并不是持续前行,而是静静地停在那里,等待……梵蒂冈,这个世界上最小的国家,小到只有0.44平方公里,基本上就是北京天安门广场的大小。据称拥有世界上最少的人口,890名常住居民。但我敢打赌,当你看到圣彼得广场上的人龙和梵蒂冈博物馆门口的长队时,你会跟我一样确信,这里是白天人口密度最高的国家!在梵蒂冈,圣经故事和历史无处不在。想要看到美景并不难,但是想要读懂他们,是需要一定的知识呢!建议去之前还是了解一下圣经故事。

梵蒂冈博物馆里面藏品无数。著名藏品:卡拉瓦乔的几幅绘画,包括《基督下葬》(1602—1603年);列奥纳多·达·芬奇的肖像画《圣哲罗姆》;安吉利柯、乔托、拉斐尔、尼古拉·普桑和提香的绘画作品;原放置于圣乔凡尼大教堂的红色大理石教宗宝座;古罗马雕塑、墓碑和碑铭,包括LuciusCorneliusScipioBarbatus的墓志铭;拉斐尔的大量作品,例如《雅典学院》;米开基罗在此创作绘画珍品《创世纪》和《末日审判》。《雅典学院》并不是一幅写实作品,拉斐尔把各个时代的哲人巨匠绘在同一幅画中,可是没说明他画的是谁,所以画上的人物身份历来有争议。一般来讲,这几个人物是比较公认的:画面中心的两个人,手指向天的是柏拉图,因为他研究一切形而上的学问,"天之道",手指向地的是亚里士多德,因为他研究一切人世间的应用学科,比如物理学,"人之道"。拉斐尔又没见过柏拉图,所以拉斐尔所画的柏拉图的脸,实际上是达·芬奇。左边穿绿衣服秃头的那个,是他们的师父苏格拉底,前景上画面右下角那群人物中心,低头向下伸手好像提鞋子那个,是几何学创始人欧几里得,正在图板上给学生讲几何学原理呢,也有人说那是阿基米德。画面最右方倒数第二个,戴绿色贝雷帽的年轻人,是拉斐尔本人。前景最右方背对着观众,手里拿着地球仪的,是托勒密。画面左侧前排,脸对观众,身穿蓝衣,戴着帽子正在看书的,是哲学家伊壁鸠鲁。拉斐尔画这幅杰作的时候,米开朗琪罗正在隔壁西斯廷小教堂屋顶上画他的《创世纪》。拉斐尔有一天去隔壁瞄了一眼,结果大为惊叹,回来就把米开朗基罗加在他的雅典学院里面,就是画面正中前方,柏拉图脚底下,坐在地上靠着一张石桌,单臂支头那个紫衣大胡子。

接下来是梵蒂冈美术馆的重头戏:西斯廷教堂。西斯廷教堂始建于1445年,由教皇西斯都四世发起创建,教堂的名字"西斯廷"便是来源于当时的教皇之名"西斯都"。教堂长40.25米,宽13.41米,高20.73米,是依照《列王纪》第6章中所描述的所罗门王神殿,按照比例(60∶20∶30)所建。西斯廷教堂是罗马教皇的私用经堂,也是教皇的选出仪式的举行之处。

西斯廷教堂最让人赞叹的地方在于波提切利等文艺复兴初期画家以耶稣基督为主题创作了一批壁画和米开朗基罗的杰作《创世纪》。里面不允许拍照，一出来，里面的景观全还给它了，只留下了惊叹！在这里，推荐大家看两部电影：一部已经非常经典，就是前面提到的《罗马假日》，其中包含了罗马城里几乎全部著名经典，连赫本吃的冰激凌都鼎鼎有名；另外一部就是《天使与魔鬼》，这是由美国作家丹·布朗的畅销小说改编的电影，虽然原著更加详细的描述了梵蒂冈各著名景点和艺术作品，但为了节约时间，我们选择看电影。

第六章 点滴品味

在佛罗伦萨外派的一年，我们三位外派老师一起住在校长家里，跟校长和他夫人同住。这一年的点点滴滴都给我留下了深刻的温馨印象。

校长和夫人非常照顾我们的生活，校长夫人谢群老师既是一位好教师，是学校工作贤内助，又是家庭生活能手。她能干，做事利索；待人温柔大气。实在是一位非常难得的好女人！在家里，她为我们准备饭菜，动作干脆利落，又做得一手好菜，这一年，我们从谢老师那里收集到了十多个菜谱呢。

谢老师还经常带我们光顾 diadelo，diadelo 是一家商店的名称，位置在市里进城的路口，经营各种品牌衣服、鞋子、围巾等，是我们谢老师的定点购物场所。有 50% 的折扣！我们去买衣服时就登记在她的名下，也享受打折的优惠！有了这个店的品牌折扣，到其他没有打折店就不想买了。一开始对谢老师只在这家店消费很诧异，一年以后这种感觉完全可以理解了！

我们都是周六过去 diadelo，平时要上课，周日它不营业。只有周六是最好的时间。它每天只有 9：30 到 13：30，15：30 到 19：30 这两个时间段营业。中午要休息，平时节假日不营业。意大利人的休闲意识可见一斑吧！开店都有假期休息。有一天，是 4 月 25 日，是他们的解放日，我们学校放假，赶到店里想看看衣服，结果发现它关门呢！白跑了一趟！这是欧洲的风俗习惯，周末和节日商店也关门休息。照我们中国人的思维很不习惯，放假的日子应该加班呀，这样才能有更好的生意呢！可欧洲人不一样，生活才是他们的首要目的，而不是赚钱！

  周末会待在家里，很享受坐在离家很近的火车站静静看火车一辆一辆地过去。看着对面和旁边的椅子上的旅客一个一个地上火车，想着自己这个孤身在外的游客，想回家却坐不了火车。家里的人呢，他们都在干什么呢？

  意大利的人们非常好客。不管你在哪儿，一路走来，开车的司机会跟你打招呼。心情便会莫名的好起来。楼下的老人说我们三个进进出出都没有跟他打招呼，向住家抱怨呢！呵呵，真是好客的民族！

  晚饭后的一小时走路，是我们的一个传统的锻炼节目。我们非常喜欢这个项目。有时，正走着走着，意大利人溜达的小狗竖着耳朵惊奇地盯着我们看，也许它觉得好奇怪：这一大群人在干什么啊？这么多！那天我们是 5 个人一起走路！

  有一次，两个意大利小伙子在远远的地方一边学着我们的走路姿势一边善意地笑！

  有一次一个房子里两个老人盯着我们走了一圈又一圈！兴许他们也觉得好奇怪吧！

  还有人站楼上的阳台为我们喊口号：due due（二、二）。

  在佛罗伦萨，还不得不说购物逛街攻略。意大利圣诞节期间和 7 月份都有打折，从 20% 到 80% 不等，一般的东西折扣 50% 比较多，好东西一般折扣比较少，只有 20% 到 30% 左右，想买打折品牌的东西要去奥莱村（Outlet），佛罗伦萨附近有三个 Outlet：The Mall、Space-Prada & Miumiu 工厂店和 Barberino Outlet，一般人去的较多的是 The Mall 和 Barberino Outlet。

  The Mall 这里总共只有 20 多家品牌商铺，但个个都是顶级大牌。比如一般 Outlets 不太常见的 Alexander McQueen、Balenciaga、Valentino、Yves Saint Laurent 等品牌，还有意大利的本国顶级品牌 Bottega Veneta、Ermenegildo Zegna、Fendi、Giorgio Armani。每个品牌都有自己的独栋别墅作为店面。

  人最多的要数 Gucci 和 Prada，进门要领号，因为东西真的是很便宜。强烈

推荐Burberry！要细细地逛，会发现很多经典又好看的东东。据说Burberry家换了设计师，不再是印象中妈妈衣橱里才有的款式，多了很多我爱的超酷的元素，比如铆钉、皮边等等，每个人都能在他家找到适合自己的那一款。BV也蛮好逛的，虽然没有找到我要的款，但钱包、化妆包和小的女士挎包还是很让人动心的。他家眼镜超便宜，80欧左右一副，款式要亲自试过才知道了。一般奥莱没有的McQueen和STELLA McCARTNEY在这里也可以找到，两个品牌共同分享一个店面。东西照例是个性又跳脱的，爱这种个性品牌的不妨好好逛逛，必有收获。Giorgio Armani里东西超多，男生好好逛，应该是能找到适合自己的东西。TOD'S打折相当多，店里的鞋子都超便宜，但款式上不算特别有特色。喜欢豆豆鞋的小伙伴可逛。杭州的周秋敏老师就在那里买了一双鞋子。The Mall全年营业（除元旦、复活节、圣诞节等假日）周一到周日10:00 — 19:00。

　　Space Outlet是Prada、Miumiu工厂店，现在里面还可以淘到它的副牌Car — Shoe、Church's，是目前觉得最值得去的地方：运气好的话，你可以淘到当季当红的产品，货品比较齐全。但我们没有机会过去，有些遗憾。

　　Barberino Outlet这里常年提供30%到70%的优惠，包括Adidas、Roberto Cavalli、Dolce& Gabbana、Ferre、Furla、Guess、Prada等人们耳熟能详的品牌。在购物的同时，游客还有机会参与购物村全年开展的休息娱乐活动，并不用担心孩子无人照顾，因为这里有专门的儿童游乐园。在Barberino里面我们买得最多的Polo品牌的衣服，一件50多的衬衫，有折扣的才30多、40多的，与国内相比真的是非常的便宜、合算。所以我们每个人都买了好多。

　　以上三个Outlet建议可以在1月和7月折扣期的第二个星期去，主要原因是第一周人太多，再有就是在第二周说不定还会遇到折上折的机会哦。

后　记

兢兢业业，收获财富。

——佛罗伦萨中文学校外派工作学年总结

岁月匆匆，逝去无痕。一转眼，一年过去了。2013年9月，我有幸作为学校第一批被外派到欧洲的教师，教华裔子女学习母语，传授中文，深感责任重大。雅思贝尔斯说，教育是人们灵魂的教育，而非理智知识和认识的堆积；教育的本质意味着：一棵树摇动另一棵树，一朵云摇动另一朵云，一个灵魂唤醒另一个灵魂。这一年，我能更深刻地体会这句话的含义，并试图践行之。下面主要从教育教学工作、组织教研活动工作、参与中意交流活动和提高自身素质四个方面进行总结如下：

一、"踏实、勤奋、爱心"做好教育教学工作

在佛罗伦萨中文学校，我担任的是初一两个班的班主任，负责两个班的中文教学，每个班每天90分钟，共三个小时。我奉行"立人有爱，爱心是不变的底色汇报"、"立业至勤，一颗粗糙的心是做不好教育的"的理念，从开始适应，

到逐步深入地了解,觉得国内外的语文教育的侧重点还是不同的,虽然所教育的对象都是黑头发、黄皮肤的中国孩子,可他们很多都是在意大利出生长大的,其个性、思维、所接触的事物、了解的东西与国内的学生是不一样的。在教学上我要求自己针对学生的实际情况备好课,不仅要因材施教,还要研究如何激发学生学习中文的兴趣,让他们掌握学习中文的特点,尽量让每个孩子在学业上都能有所进步,在品德上有所提高。

  为了提高学生的中文水平,我想出了各种招数。比如:从学校的藏书室找来一些适合学生看的课外书,让她们进行课外阅读;每天课前给她们念诗,让学生跟着读,要求一周背一首诗;让学生摘录好词好句,积累词语;还有每天课前请一位同学讲"天气预报",这可不是真的天气预报,那可是心情的天气预报,是心理学家萨提亚提出的。"天气预报"要向同学汇报5点内容:第一项直接向别人表达感激和兴奋;其次要分享的是担忧,它包含了关心和困惑;第三项是分享困扰。提出一个困扰的同时要提供可能的解决之道;第四项是分享资讯。新资讯有各种形式,它可能是班级的资讯,也可能是目前发生的社会新闻,资讯也可以是个人性的资讯:自己的新决定、成就和活动等;第五项是分享希望和期待。这个"天气报告",让师生的心走得更近了。我还给准备认真的同学奖励,不管他讲的好还是不好,关键是鼓励学生的努力程度,以此提升学生学习语文的兴趣。一个学期以后,为了让那些学习落后的孩子更积极地参与课前演讲节目,我又把"天气预报"改为讲笑话、故事、谜语或者脑筋急转弯等等,更大地提高了全体学生参与的积极性,更好地提高了他们的语文素养、语文表达能力和在众人面前演说的胆量、能力等等。

  爱因斯坦曾说过:"兴趣是最好的老师。"与其被动地让学生接受学习,不如让他们对学习产生兴趣。因此,在课堂上,我想出了各种不同方法让学生多读课文。有个别读,分角色读,开火车读,表演读,小组竞赛读,等等。特别是小组竞赛读,可激烈了。小组竞赛读我有两种读书方式:一种是每组每位同学轮流开火车读,前面的同学读错了,下面同学接着读,直到读完这篇课文为止,看哪组同学读的人数最少。在激烈紧张的比赛中,学生读得很紧张,有时一组全员读完课文还没结束呢。第二种要求每位同学都要读一段,看哪一组读得最流利,用时最少。老师直接用手机秒表计时。这样,每组都在积极准备着呢,就算是成绩不好的同学也被带动起来,不会读的字主动问前后桌的同学。其实,这才是我的目的,让每位同学都积极地去读书,一年下来两个班同学读书的水平大大提高了!

"听、说、读、写"是语文的基本功,教学质量的好坏也主要体现在这几个方面。我还利用一切机会让学生自己上台说,比如让学生当导游,介绍课文中的旅游景点等,先让同学在四人小组内练讲,要求每位同学都要讲,然后每组推荐同学上来讲,有个别组都推荐了两位同学。这样不仅锻炼了学生的表达能力,也能使课堂更生动,师生之间能够更好地互动。还有"写",一直是语文教学的难点,很多孩子能说,但不爱写作。我就采用由浅入深,先易后难的方式,让学生以写句子的方式开始,并发给积累的词语,让他们运用到自己的作文中。就这样,在引导和鼓励下,我班的孩子慢慢开始展露才华,渐渐写出了很多优美的句子、优美的文章。其中有三篇文章刊登在第九期校刊上,又推荐了4篇文章给第十期校刊,甄选出11篇作文参加第十五届世界华人学生作文大赛,取得了优异的成绩。其中有七篇获奖:一等奖1篇;二等奖5篇;三等奖1篇,获奖比例几乎达到70%,获奖的等级和比例都是名列前茅的。

此外,我认为外派教师在海外教学传播的不仅仅是中文这一语言,更多的是传播我们国家的文化和历史。所以,在上课时,我还会结合课文穿插历史故事,在故事中,让学生加深对中国的文化历史的了解。学成语故事课文时,给学生讲成语典故,在细微中慢慢渗透文化历史知识。这学期开学不久,就恰逢中秋节,借此机会我特地上了一节中华的传统节日课,把中国的许多传统节日都介绍给大家,让她们多了解中国的传统文化。

教书育人,教书总是与育人连在一起。在这里,我除了教好汉语以外,还以积极心理学的理念指导教育教学。积极心理学是一种关心人的优秀品质和美好心灵的心理学,它倡导人类要用一种积极的心态来对待人的许多心理现象和心理问题,并以此来激发每个人自身所固有的某些实际的或潜在的积极品质和积极力量,从而使每个人都能顺利地走向属于自己的幸福彼岸。于是,我便利用积极心理学原理在班级管理中对每个学生鼓励、支持、看到优势,坚持要学生跟自己比,不跟别人比。关心爱护全体学生,尊重学生人格,平等公正对待学生。对学生严慈相济,做学生的良师益友。关心学生健康,不讽刺、挖苦、歧视学生。利用自身懂得心理学的优势,指导孩子如何做人,给学生讲"思想决定行为,行为形成习惯,习惯决定性格,性格决定命运"的道理,希望养成学生良好的学习和生活习惯;讲父母对孩子的爱的事例,希望每个孩子都能孝敬父母;特地给学生讲男孩女孩的区别,讲男孩女孩在情感、智力、性格、交往等方面的不同特点;什么样的男孩女孩形象才让人欣赏,怎样拥有纯洁的友谊;对待表现不好的学生循循善诱，期望培养他们良好品行，讲在法国留学的那个女留学生的故事，告诫同学们要做诚信的人，了解"道德可以弥补聪明；而聪明绝对不可弥补道德"的道理等等。其实学生的心灵是一块神奇的土地，播上幸福的种子，就会获得行为的收获；播上行为的种子，就能获得习惯的收获；播上习惯的种子，就能获得品德的收获；播上品德的种子，就能得到命运的收获。所以一切从我们教师做起，好好关爱他们，用正确的方式去引导他们走向未来。

二、"指导、管理、服务"自觉做好教研活动工作

在支教中，除了担任中文教师之外，我还担任了佛罗伦萨中文学校的教务处主任。在潘校长的大力支持和全体教师的努力下，我坚持以"指导、管理、服务"为宗旨，科学地开展教研活动、讲究实效、稳步提升教研活动质量。我们知道，在学校工作中，教师是学校发展的第一资源，影响教育质量的关键因素就是教师的素质，教师素质的提高，即教师教育教学能力的提高才能更快提高学生教育教学质量。第一学期虽然只有短短的三个多月，我们在"教师专业发展"上也做了一系列的努力，让每位教师在学校这片沃土上快乐成长，成就其美丽人生！同时特别注重资源共享，让资源共享成为教师智慧的源泉。打破教师研究各自为战的禁锢状态，注重备课组、教研组活动。我们教师有什么好的教学方法、教学资源等都能互相分享，促进自我成长。

开学初，我就起草了我们本学年的教研活动计划，在第一次教研活动中经大家讨论定稿，作为我们教研活动的依据。虽然，第一学期时间不长，可是我们也取得了一些成绩。我们的教师研讨会一月一期定时召开，第一次的教研活动，由该校老教师向新到任的外派教师面对面传授教学经验，一一解答她们在与学生沟通、课堂教学、作业批阅方面提出的疑问。具有十几年华文教学经验的谢群老师首先发言，她从学情入手，细致地介绍了该校学生的基本情况，在此基础上提出"因材施教、因需施教"的教学主张，以典型的事例、生动的讲解、活跃的思维，向全体老师传授她的金点子。紧接着，石莹老师以教学实际中鲜活的例子，为新来的外派教师解疑答难，分享自己的教学经验，讲解自己平时管理学生的妙招，对我们新外派教师启发颇深，收益良多，这种利用老教师帮扶新教师的活动，能使新教师迅速进入角色；第二次的教研活动，我们三个今年外派的教师结合自己的作文教学实际，与大家分享了作文教学经验；第三次的教研活动，特地为作文

参赛甄选佳作，各班经过初选的基础上，会上由低年级到高年级的中文老师展示并朗读本班的候选作文，由其余的老师给出修改建议，小到字词的使用是否得当、语序的排列是否合理；大到主题的提炼是否到位、内容的描述是否真实，是否能将内容反馈给学生进行再次修改使之更加符合学生的阅读趣味等。并表决是否可以正式参赛。最后表决产生71篇作文正式参加第十五届世界华人作文大赛。

第二学期，第一次的教研活动是由佛罗伦萨中文学校的资深教师石莹老师分享识字教学经验；第二次是主题为"班级学生个案分析"研讨会，会议由各位教师针对班级里个别学生教育情况做主题发言。这次会议历时时间最久，也是意义十分深远的一次。它进一步促进了我校华文教育的横向与纵向的发展。

接下来的教研活动主要针对六一中意儿童文艺汇演进行研讨准备。最后一次我们还进行了暑期作业布置研讨。这些教研活动，都是具有国外华校特色的教研活动，它进一步调动了全校教师投身于教研工作的积极性和主动性，转变了教师的教学观念，教研意识进一步增强，课堂教学水平得到进一步的提高。期末考试我们全校老师全部交换监考，没有一个老师监考自己的班级；同时同年级的老师流水线改试卷，力求考出学生的真实水平，形成优良的班风校风。

三、"听课、参会、互访"积极参与中意文化交流活动

在这一年里，我积极参与中意文化交流活动。曾安排两周分别到保罗茨落中学与DUCA D'AOSTA小学听课各一周，锡耶纳大学实习生来我班听课一天。

3月31日佛罗伦萨大学孔子学院举行揭幕仪式，我作为外派教师受佛罗伦萨大学、驻佛罗伦萨总领事馆的邀请参加了此次盛会，甚感荣幸。

在这一年中多次参观意大利中小学，5月17日San Donnino小学来中文学校参观活动一天。

2013年度第二学期，2014年2月至5月共与意大利学校教师进行了三次6天的中小学交流活动。交流的学校包括San Donnino小学、San Donnino中学、DUCA D'AOSTA小学等中国学生较多的学校。每次交流会都针对在校华裔子女的表现，围绕学生的语言能力、师生关系、同学关系、学习成绩、家庭作业情况及活动表现等五个方面展开。中意教师就共同学生进行深入交流，详细介绍学生在学校的表现情况，并针对学生的特殊问题共谋解决方案，以各自学校之长进行互补，力求帮助学生在意大利学校和中文学校都能取得更大的进步。交流由

COSPE 亚洲负责人玛丽娅女士充当翻译，佛罗伦萨中文学校潘世立校长全程陪同。通过交流我们发现：1. 学习能力是能迁移的，中文学得认真，学习习惯好的学生，意大利功课也学得好；反之亦然。2. 中文教师可以发挥语言优势来协助意大利老师更好地与家长联系沟通、更好地工作。3. 重视语言学习环境创设，这样会更有利于学生的语言学习。

这一年，我还协助 DUCA D'AOSTA 小学鉴定一学生。这是位中国孩子，已经读二年级了，可是她却一点也不会学习，意大利语几乎不懂，上课更是不懂，他们老师怀疑该孩子智力有问题，学习有障碍，需要帮助。意大利学校有这样的政策，对于那些特殊的学生他们会派过来专门的老师帮助他学习，但需要社区心理医生的鉴定。为了帮助这个孩子，5月份我两次应邀去 DUCA D'AOSTA 小学与该孩子接触，了解情况；28日，协助意大利学校老师帮助该学生让医生诊断鉴定。

6月3日，我还参加由托斯卡纳大区政府、COSPE 协会、佛罗伦萨中意文化交流协会、甘地学院、San Donnino 学校和佛罗伦萨孔子学院联合举办的一年一度的佛罗伦萨中文学校意中儿童文艺汇演活动。该活动在佛罗伦萨著名的 PUCCINI 剧场举行，并取得了圆满成功。

四、"学习、研究、讲座"不断提升自身专业素质

我深深认识到教师这一工作是一条"在路上"的工作，只有不断地丰厚自己的底蕴才能给学生以更深层次的引领。于是，在这一年时间里，我不断学习华裔学生心理特点，琢磨华裔学生学习汉语的特有规律，用研究的眼光观察身边的教育现象。

开学初学习了解在意华校的特点，起草本年度的教研计划；了解研究华裔学生作文教学的实际，准备作文教学讲座，与老师们分享作文教学经验；特别是针对华裔家庭教育现状，学习收集资料给全校家长分享家庭教育的经验，给大家讲"今天我们如何做家长"讲座。讲座通过"穿山甲的故事""汶川地震中令人潸然泪下的母亲"等案例，将一幕幕真实的画面清晰地展现在家长们眼前，向在座家长们说明父母之爱是人世间最纯粹、最无私的爱。接着我通过"徐力杀母"等令人深思的案例，提醒家长们，父母的爱表达不当会让孩子产生误解，对父母之爱受之过重会适得其反。针对家长关心的"如何让孩子感受到你的爱""如何培

养孩子健康人格"以及"如何遵循心理发展规律进行教育"等热点话题，结合心理学理论和自身实践经验，用生动的事例，为家长作了精彩的讲解。最后寄语家长："成人在家庭，成才在学校，成功在社会，父母是孩子的第一任老师，父母决定孩子的未来。"活动结束后，还有不少家长不愿离去，围着我问个不停，并纷纷要求我留下联系方式，以便日后请教。

为了让国内学校了解在外华校学生的真实水平，我们学校还进行了课堂实录拍摄。我上的是初中汉语第二册第一课《日月潭》，日月潭是我国台湾省的代表性风景名胜，"那里群山环绕，树木茂盛，周围有许多名胜古迹"，然而更吸引人的还是那被光华岛分成两半的日潭月潭的碧水。作者以清晨与中午两个特写镜头来展示日月潭的迷人风姿，令人陶醉其间，流连忘返。看吧，清晨，在薄雾的笼罩下，晨星、灯光"隐隐约约地倒映在湖水中"，湖光山色，浑然一体，好一幅浑然天成的画卷。再看中午，要是太阳高照，就是一幅明丽的山水画；"要是下起蒙蒙细雨"，那日月潭就成了"童话中的仙境"了。日月潭很美，描写日月潭的词句也很美。本堂课除了引导学生积累课中词语外，还让学生仔细品味文中的佳句，并背诵自己喜欢的段落。

第二学期，运用《家庭环境量表》《父母教养方式量表》《学生心理健康自查表》对学校所有中学生进行了家庭环境以及父母教养方式与心理健康的关系调查。调查结果用SPSS18.0进行数据处理、分析，其结果论文《意大利华裔中学生家庭环境、父母教养方式与心理健康的关系》参加温州市论文评比，获得了市直优秀论文二等奖、温州市优秀论文三等奖。同时，还对部分家长进行了调查，获得了一系列第一手数据，为今后研究打下基础。

2014年3月15日，为首届海外华校预备教师培训班做"如何懂得心理做个优秀教师"讲座。本讲座围绕三个话题展开，1.只有心理健康才可能成为好老师；2.只有了解学生心理才能做优秀教师；3.只有能管理情绪才会成为优秀教师。希望每位受培训的即将成为老师的研究生们都能成为"学生心目中最好的老师，做学生生命中的贵人"。

在教学研究的同时，我们还进行意大利语学习，跟随意大利老师"走街串巷"感受意大利文化，感受佛罗伦萨文化底蕴。虽然工作繁忙，可我们一年都坚持下来了。

外派支教的一年，我不断地体验着忙碌与充实、感受着成长与收获，并在学习中完善与提升自我。"我以为教育之路永无成功可言。因为它以人为研究对象，以推动人的完善为旨归，而个体又是独一无二、复杂充满变数的；同时，历史留给我们的永远只有既有的问题和未来的不可知，所以，对教育者来说只有探索与应对……""教育目的的实现，爱心与良心是必要的，但更需要教师去坚守去研究去思考。"作为一名外派教师，我努力在专业精神、专业知识、专业能力等方面不断完善自己，用自己的热情、智慧和毅力全身心地投入工作，为传播中华文化献上自己应有的一份力量。虽然这一年也取得了一定的成绩，被评为外派优秀教师，但肯定在某些方面还有欠缺，还没有达到领导最满意的程度。我将以外派教师中更优秀者为榜样，继续努力，以不懈运行的生命轨迹在教育教学的人生舞台上炫出多彩的光晕。

附录一：学生获奖作文

"我"的旅行

胡余雷　一〇级（1）班

　　我是一条小鱼，我出生在九龙江里。我家的周围全是大山、森林，那儿，泉水叮咚响，从山上一泻而下，那泉水清澈见底，我们在水中游来游去甚至可以看到自己的影子，美丽极了。

　　有一天，我突然觉得有一点儿闷，在这儿待得有点厌烦了，外面的世界应该会很精彩吧？好，我决定要出去外面闯一闯。于是，我就约了几个朋友一起去旅行。我的朋友问我："我们要去哪里儿玩呢？"正当我在想的时候，有一只小鸟向我们飞了过来。它说："如果你们想去一个很好玩的地方，就去厦门特区，那里有很多工厂，人又多又热闹。"我说："好的，谢谢！"我们按照鸟儿的指点，顺着九龙江往下游去。

　　路上，我们看见的人越来越多，有几艘小船在水面上游荡，还有的在来回穿梭，这样的景象实在太棒了！鱼儿们都赞不绝口地夸这幅景象，过了一会儿水变得越来越浑浊，还散发出一种怪怪的味道，一问领路的小鸟才知道原来是从工厂排出来的脏水。

　　这脏水把水污染成了黑色，我们渐渐感觉到非常难受，甚至都呼吸不了了，可是为了看到厦门特区的美丽景色，我们咬紧牙关，游啊游啊……一路上船越来越多了，我回头一看，发现我跟同伴们分散了，我掉队了。我难过极了，就浮出水面，呼吸一些新鲜的空气，可是谁知我一探出头来前面就是岸边了，我努力地往后游，天啊，水流得太急了，我掉出去了。

　　就这样，我白白旅行了一趟。

比萨一日游

詹宇迪　一〇级（1）

今年八月份的一天，阳光明媚，我，爸爸妈妈和姑姑一家人一起去意大利著名的旅游城市比萨。

刚到的时候整个广场上人山人海，都是游客。最先映入眼帘的是斜塔的邻居，分别是：洗礼堂、大教堂和墓园。洗礼堂，距离主教堂约百米处它是一座白色大理石圆形建筑，如玉琢宝石一般，极为典雅，外开3层，都是主柱和拱券门装饰。而最醒目的就是比萨的斜塔了，有很多人在那里拍照留念，我也照了一张支撑斜塔的照片。

广场很大，而且旁边还有很多各式各样的小商品，大部分游客都会买一些回去当纪念品，我也去买了一个钥匙圈。然后我们一起雇了一辆马车绕整个广场跑了一圈，接着我和我爸爸去售票处买了票准备登上斜塔，可是没想到需要排队，因为登塔上要限制人数，就这样我们在比萨又逛了两个小时才上去。登上斜塔，我的双腿开始发软。塔内的大理石台阶已经被踏得平滑光亮，塔身向一侧倾斜，身体也随之偏离重心，每一步都需要扶着墙壁或扶手。站在比萨斜塔上俯视，斜塔的西侧，便是著名的奇迹广场。在斜塔上看着碧绿的广场草坪，想着伟大的科学家伽利略在塔上做过那个最著名的"自由落体实验"，让人惊叹万分啊！

要下来了，我拖着发软的双腿，慢慢从塔顶下来。虽然是心有余悸，可是回头望一望斜塔，依然被它的奇妙折服。难怪每年都有成千上万的人从世界各地来拜访它……

比萨一日游，让我印象太深刻了！我会永远记着它的。

最难忘的一次旅行

周若若　一〇级（1）班

暑假的时候，我和妈妈去了中国西藏的拉萨。

拉萨，又称"日光城"，中华人民共和国西藏自治区首府，西藏第一大城市。

我们坐了十多个小时的飞机，到达了北京，又坐了三四个小时的火车，终于到了西藏拉萨，开始了一次洗涤心灵的朝圣之旅！

拉萨有着灿烂的阳光、洁白的云朵、纯净的天空、稀薄的空气、连绵的雪山和安静的湖泊。我们还看到了许多西藏奇异的风景，终年积雪不化的卡若拉冰川，千年的人冻土；人迹罕至的湿地，是藏羚羊的乐园。最难得的是去日喀则的路上，看见藏民正在田里收割青稞，恰好雨过天晴，天空中出现一道美丽的彩虹，这种丰收景象给我留下了深刻的印象。

藏族同胞非常好客，在车上我就看见有两个藏族小朋友在车窗向我们招手鞠躬，我十分感动，后来发现所有藏民见到火车都要敬礼。

这次旅行令我终生难忘！西藏之旅，我不但了解了地理知识，而且领略了祖国的大好河山，真切感到全国各民族团结的大家庭是多么的和谐！

我的中文老师

何雅静　一〇级（1）班

在佛罗伦萨中文学校学了三年中文，今年终于要读初一了，我很期待我的新老师会是怎么样的呢？

终于见到了我初中的中文老师，她姓陈，个子不高也不矮，有着浓密油亮的短发，乌黑乌黑的，留着齐刘海，眼角爬了隐约可见的几条鱼尾纹，眼睛虽不大，但透露出一股灵秀的神采。那高高的鼻梁下经常有力地紧抿着的嘴唇，显示出不一般的神情。她平时爱穿花色裙子，配上高跟鞋，漂亮极了！

我们的陈老师说话很温柔但又不失严格。她平时对我们可好了。总是慢声细语的，有时候我们回答问题错了，老师会给你指出来但不会骂你；如果你在做小动作老师就会提醒你，下次注意，除非那个同学一次不听两次不听三次又不听，老师就会骂你了。老师的眼睛可厉害了，简直是火眼金睛，任何人有一点小动作都逃不过老师的眼睛。当有同学上课想玩东西时，老师的眼睛好像在暗示："你怎么做小动作啦！"当我们回答问题声音响亮时，老师的眼睛又会向我们投来赞许的目光，好像在说："讲得好！"当我病刚好来校上课时，老师不时用眼睛看看我，仿佛对我说："吃得消吗？"可是对有些不懂事的同学来说陈老师脾气是暴躁的，有一次，有位同学在课堂上说话，老师指出来他还不停，只见老师用手"啪"的一声，敲在讲台桌上，把大家都吓了一大跳，那次是陈老师教我们几个月以来脾气发得最厉害的一次。

为了提高我们的中文水平，老师想出了各种招数。比如：她会从学校的藏书室找来一些适合我们看的课外书，让我们课外阅读；她会每天课前给我们念诗，让我们跟着读，要求一周背一首诗；她会让我们摘录好词好句，积累词语；还有每天课前请一位同学讲"天气预报"，你可别以为这是真的天气预报，那可是心情的天气预报，老师说是一个心理学家萨提亚的天气预报。这是只有懂心理学的语文老师才能想出来的。"天气预报"要向同学汇报5点内容：第一项直接向别人表达感激和兴奋；其次要分享的是担忧，它包含了关心和困惑；第三项是分享困扰。提出一个困扰的同时要提供可能的解决之道；第四项是分享资讯。新资讯有各种形式，它可能是宣布下周的语文考试，也可能是目前发生的社会新闻。资讯也可以是个人性的资讯：新的决定、成就和活动；第五项是分享希望和期待。这个"天气报告"，让我们大家的心走得更近了。老师说准备认真的同学都有奖励，不管你讲得好还是不好，关键看你的努力程度。

老师还会想出各种不同方法让我们多读课文。有个别读，分角色读，开火车读，表演读，小组竞赛读，等等。特别是小组竞赛读，可激烈了。老师要求每位同学都要读一段，看哪一组读得最流利，用时最少。老师直接用手机秒表计时。看！每组都在积极准备着呢，就算是成绩不好的同学也被带动起来，不会读的字积极问前后桌的同学。我想，这才是老师的目的吧，几个月下来我们班好多同学读书的水平大大提高了呢！

这就是教我们中文的陈老师，我喜欢你，陈老师！

秋意盎然

郑婷婷　一〇级（2）班

秋天到了，秋姑娘为大地披上了一件新衣裳。

果园里的果实一个个都成熟了。有香蕉、梨子、苹果、桃子、橘子、葡萄、橙子、石榴、柿子、杏子等等。

家门口的枫叶一片片被调皮的风儿吹落，有红色、金色还有橘色，枫树下的草儿被风呼呼地吹着，一会儿倒向这边，一会儿倒向那边，像是在跳着优美的舞蹈。

　　秋姑娘可是一个爱哭的小孩，她的眼泪一滴一滴地洒向大地，滋润着大地，不让大地枯干。秋姑娘的眼泪滴到万物身上，成了晶莹剔透的露珠。它们跳跃着，微笑着，调皮可爱极了。雨过天晴，天上挂起了艳丽的彩虹桥：红、橙、黄、绿、青、蓝、紫。这座桥可比我们想象中的桥要大多了。新鲜的空气把我们引到外面走一走，见到这样的情景，画家们忍不住动起手来，把秋天画成了油画。

　　秋天虽然是个美的季节，但是会有些冷，看吧！小鸟、大雁、松鼠都为寒冷的冬天做着准备呢。而棕熊、蛇、青蛙等也都等着要冬眠呢！

　　秋天对农民们来说是最美的季节，他们每天做着苦工，等的就是这一天。当然，不用说吧？很多的小朋友也期待着这一天，秋天有好多果实可吃呢！他们吃得可欢了。

　　一年有四季：春夏秋冬，但每个季节都是那么美。春天百花齐放，夏天烈日炎炎，秋天鲜果飘香，冬天白雪一片，但对我来说：最美的只属于秋天！

佛罗伦萨的冬天

郑建斌　一〇级（2）班

　　佛罗伦萨是意大利中部的城市，是托斯卡纳区的首府。佛罗伦萨也是欧洲著名的艺术中心。

　　佛罗伦萨的冬天是美丽的，佛罗伦萨的冬天也是寒冷的。

　　初冬，它像一位美丽的、高贵的公主，舞动着她那神奇的面纱，送来阵阵冰冷的寒风。寒风像刀子似的刮在树叶上，树叶就慢慢地变成各种各样的颜色，有黄的、红的、黑的、紫的……这些树叶经不起寒风的冷酷，都缓缓的掉在地上，一层薄薄的树叶，把大地装饰的像一条轻软的羊毛毯似的。

　　佛罗伦萨的冬天，偶尔也会下起雪。在那茫茫苍苍的天空中，飘洒着亮晶晶的雪花，雪花飘洒到房顶上，给房顶穿上了一件厚厚的棉衣；雪花飘洒到大树上，大树就会变成一个高大的巨人；雪花飘洒到大地上，大地就披上了美丽的银装。

在冰天雪地下，在羊毛毯子上，孩子们正在堆雪人、打雪仗、滚雪球，玩得可开心了。在花园里，一切的花草树木都被冰雪笼罩，只有青松迎着刺骨的寒风傲然挺立。青松四周挂满了冰条，犹如一朵朵银色的梨花。太阳出来了，阳光照射在这些冰条上，反射出夺目的亮光，美丽极了，简直令人陶醉了！

我爱你，佛罗伦萨的冬天

我考了100分

王步进　一〇级（2）班

星期五我们汉语考试，我仔仔细细地做了所有的题目，就交卷了。

过了两天，星期一上课时，老师走上讲台就开始说话了："我们班只有一个学生考了100分！"我那时候低着头，心里默念着："上帝啊，保佑是我吧！我如果得了一百分，我再也不看电视了，不打游戏机了。老师啊，发发慈悲啊，我以后上课一定好好听讲！"然后我居然听到老师说："这个同学啊，进步很大，他就是王步进！"

我听了后，心里像喝了蜜一样，甜滋滋的。我兴奋地跑上去拿回考卷左看右看，心理像乐开了花。

回家的路上我蹦蹦跳跳，回到家的时候高兴地对妈妈说："妈妈，我汉语得了100分。"妈妈听了高兴地抱了我一下说："不错呀，继续努力！"妈妈为了鼓励我，买了我最喜欢的麦当劳给我吃！

我享受着100分给我带来的欢喜，但我也时刻提醒自己要继续努力，争取更大的进步！

附录二：调查表

家庭教养方式量表

班级_____ 性别_____ 年龄_____

父亲是否健在：是 否 （或在您_____岁时去世）

母亲是否健在：是 否 （或在您_____岁时去世）

父母是否离异：是 否 在您_____岁时离异

父亲的文化程度：大学（包括大学以上、大专） 中专（包括高中） 初中 小学

父亲的职业：工人 农民 经商 工作人员

母亲的文化程度：大学（包括大学以上、大专） 中专（包括高中） 初中 小学

母亲的职业：工人 农民 经商 工作人员

指导语：父母的教养方式对子女的发展和成长有重要意义。回答这一问卷，就是请您努力回想小的时候留下的这些印象。

问卷有很多题目组，每个题目答案均有四个等级。请您分别在最适合您父亲和您母亲的等级数字上划"○"。每题只准选一个答案。您父母对您的教养方式可能是相同的，也可能是不同的。请您实事求是地分别回答。

如果幼小时父母不全，可以只回答父亲或母亲一栏。如果是独生子女，没有兄弟姐妹，相关的题目可以不答。问卷不记名，请您如实回答。

下面举例说明对每个题目的回答方法。

		从不	偶尔	经常	总是
1. 父母常常打您吗？	父	1	2	3	4
	母	1	2	3	4

	从不	偶尔	经常	总是
2. 父母对你很亲热吗？ 父	1	2	3	4
母	1	2	3	4

	从不	偶尔	经常	总是
1. 我觉得父母干涉我所做的每一件事	1	2	3	4
	1	2	3	4
2. 我能通过父母的言谈、表情感受他（她）很喜欢我	1	2	3	4
	1	2	3	4
3. 与我的兄弟姐妹比，方面更宠爱我	1	2	3	4
	1	2	3	4
4. 我能感到父母对我的喜爱	1	2	3	4
	1	2	3	4
5. 即使是很小的过失，父母有惩罚我	1	2	3	4
	1	2	3	4
6. 父母总试图潜移默化地影响我，使我成为出类拔萃的人	1	2	3	4
	1	2	3	4
7. 我觉得父母允许我在某些方面有独到之处	1	2	3	4
	1	2	3	4
8. 父母能让我得到其他兄弟姐妹得不到的东西	1	2	3	4
	1	2	3	4
9. 父母对我的惩罚是公平的、恰当的	1	2	3	4
	1	2	3	4
10. 我觉得父母对我很严厉	1	2	3	4
	1	2	3	4
11. 父母总是左右我该穿什么衣服或该打扮成什么样子	1	2	3	4
	1	2	3	4
12. 父母不允许我做一些其他孩子可以做的事情，因为他们害怕我会事	1	2	3	4
	1	2	3	4
13. 在我小时候，父母曾当着别人的面打我或训斥我	1	2	3	4
	1	2	3	4
14. 父母总是很关注我晚上干什么	1	2	3	4
	1	2	3	4
15. 遇到不顺心的事时，我能感到父母在尽量鼓励我，使我得到一些安慰	1	2	3	4
	1	2	3	4

（续表）

题目				
16. 父母总是过分担心我的健康	1	2	3	4
	1	2	3	4
17. 父母对我的惩罚往往超过我应受的程度	1	2	3	4
	1	2	3	4
18. 如果我在家里不听吩咐，父母就会发火	1	2	3	4
	1	2	3	4
19. 如果我做错了什么事，父母总是抗议一种伤心样子使我有一种犯罪感或负疚感．	1	2	3	4
	1	2	3	4
20. 我觉得父母难以接近	1	2	3	4
	1	2	3	4
21. 父母曾在别人面前唠叨一些我说过的话或做过的事，这使我感到很难堪	1	2	3	4
	1	2	3	4
22. 我觉得父母更喜欢我，而不是我的兄弟姐妹	1	2	3	4
	1	2	3	4
23. 在满足我需要的东西，父母是很小气的	1	2	3	4
	1	2	3	4
24. 父母常常很在乎我取得分数	1	2	3	4
	1	2	3	4
25. 如果面临一项困难的认为，我能感到来自父母的支持	1	2	3	4
	1	2	3	4
26. 在家里往往被当做"替罪羊"或"害群之马"	1	2	3	4
	1	2	3	4
27. 父母总是挑剔我所喜欢的朋友	1	2	3	4
	1	2	3	4
28. 父母总以为他们的不快是由我引起的	1	2	3	4
	1	2	3	4
29. 父母总试图鼓励我，使我成为佼佼者	1	2	3	4
	1	2	3	4
30. 父母总向我表示他们是爱我的	1	2	3	4
	1	2	3	4
31. 父母对我很信任且允许我独自完成某些事	1	2	3	4
	1	2	3	4
32. 我觉得父母很尊重我的观点	1	2	3	4
	1	2	3	4
33. 我觉得父母很愿意跟我在一起	1	2	3	4
	1	2	3	4

(续表)

34. 我觉得父母对我很小气，很吝啬	1	2	3	4
	1	2	3	4
35. 父母总是向我说类似"如果你这样做我会很伤心"的话	1	2	3	4
	1	2	3	4
36. 父母要求我回到家里必须得向他们说明我在做的事情	1	2	3	4
	1	2	3	4
37. 我觉得父母在尽量使我的青春更有意义和丰富多彩（如给我买很多的书，安排我去夏令营或参加俱乐部）	1	2	3	4
	1	2	3	4
38. 父母经常向我表述类似"这就是我们为你整日操劳而得到的报答吗"的话	1	2	3	4
	1	2	3	4
39. 父母常以不能娇惯我为借口不满足我的要求	1	2	3	4
	1	2	3	4
40. 如果不按父母所期望的去做，就会使我在良心上感到不安	1	2	3	4
	1	2	3	4
41. 我觉得父母对我的学习成绩，体育活动或类似的事情有较高的要求	1	2	3	4
	1	2	3	4
42. 当我感到伤心的时候可以从父母那儿得到安慰	1	2	3	4
	1	2	3	4
43. 父母曾无缘无故地惩罚我	1	2	3	4
	1	2	3	4
44. 父母允许我做一些我的朋友们做的事情	1	2	3	4
	1	2	3	4
45. 父母经常对我说他们不喜欢我在家里的表现	1	2	3	4
	1	2	3	4
46. 每当我吃饭时，父母就劝我或强迫我再多吃一些	1	2	3	4
	1	2	3	4
47. 父母经常当着别人的面批评我既懒惰，又无用	1	2	3	4
	1	2	3	4
48. 父母常常关注我交往什么样的朋友	1	2	3	4
	1	2	3	4
49. 如果发生什么事情，我常常是兄弟姐妹中唯一受责备的一个	1	2	3	4
	1	2	3	4
50. 父母能让我顺其自然地发展	1	2	3	4
	1	2	3	4
51. 父母经常对我粗俗无礼	1	2	3	4
	1	2	3	4

（续表）

	1	2	3	4
52. 有时甚至为一点儿鸡毛蒜皮的小事，父母也会严厉地惩罚我	1	2	3	4
	1	2	3	4
53. 父母曾无缘无故地打过我	1	2	3	4
	1	2	3	4
54. 父母通常会参与我的业余爱好活动	1	2	3	4
	1	2	3	4
55. 我经常挨父母打	1	2	3	4
	1	2	3	4
56. 父母常常允许我到我喜欢去的地方，而他们又不会过分担心	1	2	3	4
	1	2	3	4
57. 父母对我该做什么、不该做什么都有严格的限制而且绝不让步	1	2	3	4
	1	2	3	4
58. 父母常以一种使我很难堪的方式对待我	1	2	3	4
	1	2	3	4
59. 我觉得父母对我可能出事的担心是夸大的、过分的	1	2	3	4
	1	2	3	4
60. 我觉得与父母之间存在一种温暖、体贴和亲热感觉	1	2	3	4
	1	2	3	4
61. 父母能容忍我与他们有不同的见解	1	2	3	4
	1	2	3	4
62. 父母常常在我不知道原因的情况下对我大发脾气	1	2	3	4
	1	2	3	4
63 当我所做的事取得成功时，我街道父母很为我自豪	1	2	3	4
	1	2	3	4
64. 与我的兄弟姐妹相比，父母常常偏爱我	1	2	3	4
	1	2	3	4
65. 有时即使错误在我，父母也把责任归咎于兄弟姐妹	1	2	3	4
	1	2	3	4
66. 父母经常拥抱我	1	2	3	4

家庭环境量表（FES）

班级_____ 性别_____ 年龄_____

以下有一些关于家庭情况的问题，请您仔细阅读，并在符合您家庭情况的答案上进行选择，如果有些问题对大部分家庭成员符合，就选择"是"，如果大部分不符合，就选择"否"，现在开始吧！

1. 我们家庭成员都总是互相给予最大的帮助和支持。　　　　　　是　否
2. 家庭成员总是把自己的感情藏在心里不向其他家庭成员透露。　是　否
3. 家中经常吵架。　　　　　　　　　　　　　　　　　　　　　是　否
4. 在家中我们很少自己单独活动。　　　　　　　　　　　　　　是　否
5. 家庭成员无论做什么事都是尽力而为的。　　　　　　　　　　是　否
6. 我们家经常谈论政治和社会问题。　　　　　　　　　　　　　是　否
7. 大多数周末和晚上家庭成员都是在家中度过，而不外出参加
    社交或娱乐活动。　　　　　　　　　　　　　　　　　　　是　否
8. 我们都认为不管有多大的困难，子女应该首先满足老人的各
    种需求。　　　　　　　　　　　　　　　　　　　　　　　是　否
9. 家中较大的活动都是经过仔细安排的。　　　　　　　　　　　是　否
10. 家里人很少强求其他家庭成员遵守家规。　　　　　　　　　是　否
11. 在家里我们感到很无聊。　　　　　　　　　　　　　　　　是　否
12. 在家里我们想说什么就可以说什么。　　　　　　　　　　　是　否
13. 家庭成员彼此之间很少公开发怒。　　　　　　　　　　　　是　否
14. 我们都非常鼓励家里人具有独立精神。　　　　　　　　　　是　否
15. 为了有好的前途，家庭成员都花了几乎所有的精力。　　　　是　否
16. 我们很少外出听讲座、看戏或去博物馆以及看展览。　　　　是　否
17. 家庭成员常外出到朋友家去玩并在一起吃饭。　　　　　　　是　否
18. 家庭成员都认为做事要顺应社会风气。　　　　　　　　　　是　否
19. 一般来说，我们大家都注意把家收拾得井井有条。　　　　　是　否
20. 家中很少有固定的生活规律和家规。　　　　　　　　　　　是　否
21. 家庭成员愿意花很大的精力做家里的事。　　　　　　　　　是　否
22. 在家中诉苦很容易使家人厌烦。　　　　　　　　　　　　　是　否

23. 有时家庭成员发怒时摔东西。	是　否
24. 家庭成员都独立思考问题。	是　否
25. 家庭成员都认为使生活水平提高比其他任何事情都重要。	是　否
26. 我们都认为学会新的知识比其它任何事都重要。	是　否
27. 家中没人参加各种体育活动。	是　否
28. 家庭成员在生活上经常帮助周围的老年人和残疾人。	是　否
29. 在我们家，当需要用某些东西时却常常找不到。	是　否
30. 在我们家吃饭和睡觉的时间都是一成不变的。	是　否
31. 在我们家，有一种和谐一致的气氛。	是　否
32. 家中每个人都可以诉说自己的困难和烦恼。	是　否
33. 家庭成员之间极少发脾气。	是　否
34. 我们家的每个人出入是完全自由的。	是　否
35. 我们都相信在任何情况下竞争是好事。	是　否
36. 我们对文化活动不那么感兴趣。	是　否
37. 我们常看电影或体育比赛，外出郊游等。	是　否
38. 我们认为行贿是一种可以接受的现象。	是　否
39. 在我们家很重视做事要准时。	是　否
40. 我们家做任何事都有固定的方式。	是　否
41. 家里有事时，很少有人自愿去做。	是　否
42. 家庭成员经常公开地表达相互之间的感情。	是　否
43. 家庭成员之间常互相责备和批评。	是　否
44. 家庭成员做事时很少考虑家里其他人的意见。	是　否
45. 我们总是不断反省自己，强迫自己尽力把事情做得一次比一次好。	是　否
46. 我们很少讨论有关科技知识方面的问题。	是　否
47. 我们家每个人都对1～2项娱乐活动特别感兴趣。	是　否
48. 我们认为无论怎么样，晚辈都应该接受长辈的劝导。	是　否
49. 我们家的人常常改变他们的计划。	是　否
50. 我们家非常强调要遵守固定的生活规律和家规。	是　否
51. 家庭成员都总是衷心的互相支持。	是　否
52. 如果在家里说出对家事的不满，会有人觉得不舒服。	是　否

53. 家庭成员有时互相打架。 是 否
54. 家庭成员都依赖家人的帮助去解决他们遇到的困难。 是 否
55. 家庭成员不太关心职务升迁、学习成绩等问题。 是 否
56. 家中有人玩乐器。 是 否
57. 家庭成员除工作学习外，不常进行娱乐活动。 是 否
58. 家庭成员都自愿去做公共环境卫生。 是 否
59. 家庭成员认真地保持自己房间的整洁。 是 否
60. 家庭成员夜间可以随意外出，不必事先与家人商量。 是 否
61. 我们家的集体精神很少。 是 否
62. 我们家可以公开地谈论家里的经济问题。 是 否
63. 家庭成员的意见产生分歧时，我们一直都回避它以保持和气。 是 否
64. 家庭成员希望家里人独立解决问题。 是 否
65. 我们家的人对获得成就并不那么积极。 是 否
66. 家庭成员常去图书馆。 是 否
67. 家庭成员有时按个人爱好或兴趣参加娱乐性学习。 是 否
68. 家庭成员都认为要死守道德教条去办事。 是 否
69. 在我们家，每个人的分工是明确的。 是 否
70. 在我们家，没有严格的规则来约束我们。 是 否
71. 家庭成员彼此之间都一直合得来。 是 否
72. 家庭成员之间讲话时都很注意避免伤害对方的感情。 是 否
73. 家庭成员常彼此想胜过对方。 是 否
74. 如果家庭成员经常独自活动，会伤家里其他人的感情。 是 否
75. 先工作后享受是我们家的老习惯。 是 否
76. 在我们家看电视比读书更重要。 是 否
77. 家庭成员常在业余时间参加家庭以外的社交活动。 是 否
78. 我们认为无论怎么样，离婚是不道德的。 是 否
79. 我们家花钱没有计划。 是 否
80. 我们家的生活规律或家规是不能改变的。 是 否
81. 家庭的每个成员都一直得到充分的关心。 是 否
82. 我们家经常自发地讨论家人很敏感的问题。 是 否
83. 家人有矛盾时，有时会大声争吵。 是 否

84. 在我们家确实鼓励成员都自由活动。　　　　　　　　　　是　否

85. 家庭成员常常与别人比较，看谁的工作学习好。　　　　是　否

86. 家庭成员很喜欢音乐、艺术和文学。　　　　　　　　　是　否

87. 我们娱乐活动的主要方式是看电视、听广播而不是外出活动。　是　否

88. 我们认为提高家里的生活水平比严守道德标准还要重要。　是　否

89. 我们家饭后必须立即有人去洗碗。　　　　　　　　　　是　否

90. 在家里违反家规者会受到严厉的批评。　　　　　　　　是　否

心理健康诊断测验（MHT）

[指导语]

A. 这些测题是调查你的心情和感受的，不是测验智力和学习能力，与学习成绩无关，答案也没有好坏之分，请按照你平时所想的如实回答。

B. 回答方法。本测验每一问题都有只有"是"和"否"两种可供选择答案。

[问卷项目]

1. 你夜里睡觉时，是否总想着明天的功课？
2. 老师在向全班提问时，你是否会觉得是在提问自己而感到不安？
3. 你是否一听说"要考试"心理就紧张。
4. 你考试成绩不好时，心理是否感到不快。
5. 你学习成绩不好时，是否总是提心吊胆。
6. 考试时，当你想不起来原先掌握的知识时，你是否会感到焦虑？
7. 你考试后，在没有知道成绩之前，是否总是放心不下。
8. 你是否一遇到考试，就担心会考坏。
9. 你是否希望考试能顺利通过。
10. 你在没有完成任务之前，是否总担心完不成任务？
11. 你当着大家的面朗读课文时，是否总是怕读错？
12. 你是否认为学校里得到的学习成绩总是不大可靠的？
13. 你是否认为你比别人更担心学习？
14. 你是否做过考试考坏了的梦？
15. 你是否做过学习成绩不好时，受到爸爸妈妈或老师训斥的梦？
16. 你是否常常觉得有同学在背后说你坏话？
17. 你受到父母评判后，是否总是想不开，放在心上？
18. 你在游戏或与别人的竞争中输给对方，是否就不想再干了？
19. 人家在背后议论你，你是否感到讨厌？
20. 你在大家面前或被老师提问时，是否会脸红？
21. 你是否很担心叫你担任班干部？
22. 你是否总是觉得好像有人在注意你？
23. 在工作或学习时，如果有人注意你，你心里是否紧张？
24. 你受到评判时，心里是否总是不愉快？

25. 你受到老师评判时，心里是否总是不安？

26. 同学们在笑时，你是否也不会笑？

27. 你是否觉得到同学家里玩不如在自己家里玩？

28. 你和大家在一起时，是否也觉得自己是孤单的一个人？

29. 你是否觉得和同学一起玩，不如自己一个人玩？

30. 同学们在交谈时，你是否不想加入？

31. 你和大家在一起时，是否觉得自己是多余的人？

32. 你是否讨厌参加运动会和文艺演出会？

33. 你的朋友是否很少？

34. 你是否不喜欢同别人谈话？

35. 在人多的地方，你是否觉得很怕？

36. 你在排球、篮球、足球、拔河、广播操等体育比赛输了时，是否一直认为自己不好？

37. 你受到批评后，是否总是认为自己不好？

38. 别人笑你的时候，你是否会认为是自己不用功的缘故？

39. 你学习成绩不好时，是否总是认为是自己不用功的缘故？

40. 你失败的时候，是否总是认为是自己的责任？

41. 大家受到责备时，你是否认为主要是自己的过错？

42. 你在乒乓球、羽毛球、篮球、足球、拔河、广播操等体育比赛时，是否一出错就特别留神？

43. 碰到为难的事情时，你是否认为自己难以应付？

44. 你是否有时会后悔，那件事不做就好？

45. 你和同学吵架以后，是否总是认为是自己的错？

46. 你心里是否总想为班级做点好事？

47. 你学习的时候，思想是否经常开小差？

48. 你把东西借给别人时，是否担心别人会把东西弄坏？

49. 碰到不顺利的事情时，你心里是否很烦躁？

50. 你是否非常担心家里有人生病或死去？

52. 你对收音机和汽车的声音是否特别敏感？

53. 你心里是否总觉得好像有什么事没有做好？

54. 你是否担心会发生什么意外的事？

55. 你在决定要做什么事时，是否总是犹豫不决？
56. 你手上是否经常出汗？
57. 你害羞时是否会脸红？
58. 你是否经常头痛？
59. 你被老师提问时，心里是否总是很紧张？
60. 你没有参加运动，心脏是否经常噗通噗通地跳？
61. 你是否很容易疲劳？
62. 你是否很不愿吃药？
63. 夜里你是否很难入梦？
64. 你是否觉得身体好像有什么毛病？
65. 你是否经常认为自己的身型和面孔比别人难看？
66. 你是否经常觉得肠胃不好？
67. 你是否经常咬指甲？
68. 你是否舔手指头？
69. 你是否经常感到呼吸困难？
70. 你去厕所的次数是否比别人多？
71. 你是否很害怕到高的地方去？
72. 你是否害怕很多东西？
73. 你是否经常做噩梦？
74. 你胆子是否很小？
75. 夜里，你是否很怕一个人在房间里睡觉？
76. 你乘车穿过隧道或高桥时，是否很怕？
77. 你是否喜欢夜里开着灯睡觉？
78. 你听到打雷声是否非常害怕？
79. 你是否非常害怕黑暗？
80. 你是否经常感到后面有人跟着你？
81. 你是否经常生气？
82. 你是否不想得到好的成绩？
83. 你是否会突然想哭？
84. 你以前是否说过谎话？
85. 你有时是否觉得，还是死了好？

86. 你是否一次也没有失约过？
87. 你是否经常想大声喊叫？
88. 你是否不愿说出别人不让说的事？
89. 你有时是否想过自己一个人到遥远的地方去？
90. 你是否总是很有礼貌？
91. 你被人说了坏话，是否想立即采取报复行动？
92. 老师或父母说的话，你是否都照办？
93. 你心里不开心，是否会乱丢、乱砸东西？
94. 你是否发过怒？
95. 你想要的东西，是否就要一定拿到手？
96. 你不喜欢的课，老师提前下课，你是否感到特别高兴？
97. 你是否经常想从高的地方跳下来？
98. 你是否无论对谁都很亲？
99. 你是否会经常急躁得坐立不安？
100. 对不认识的人，你是否会都喜欢？

附录三：家长讲座稿

学做优秀家长

各位家长：

大家下午好！

首先感谢潘校长对我们的孩子们心理健康教育的重视，给我这样的一个机会和大家分享对孩子的教育经验。感谢各位家长抽出宝贵的时间来到佛罗伦萨中文学校与我一起学习关于孩子的教育问题。同时我想借助大家的掌声，谢谢我们的孩子，因为他们的存在，让我们成长，让我们不断地学习。其他的工作几乎都要领证上岗，而只有父母是仿佛是顺其自然的事情，很多人都认为，做父母还要学习，不是有了孩子就当父母了吗？在教育孩子的过程中，我发现实际上孩子真的不是我们想象当中的那样，自然长大，总是遇到那样这样的一些问题。如果问题处理不当，被忽略，也许就会造成以后的大问题。有心理学家说过，心理问题就像地毯下的垃圾，不是消失了，而是被掩盖了，暂时看不见而已。但是有一天可能会被诱发出来，当诱发出来的时候，就会引起大问题。

记得我大学一堂选修课上。教授面带微笑，走进教室，对我们说："我受一家机构委托，来做一项问卷调查，请同学们帮个忙。"一听这话，教室里轻微的一阵议论开了，大学课堂本来枯燥，这下好玩多了。问卷表发下来，大家一看，只有两道题。

第一题：他很爱她。她细细的瓜子脸，弯弯的蛾眉，面色白皙，美丽动人。可是有一天，她不幸遇上了车祸，痊愈后，脸上留下几道大大的丑陋疤痕。你觉得，他会一如既往地爱她吗？

A、他一定会。B、他一定不会。C、他可能会。

第二题：她很爱他。他是商界的精英，儒雅沉稳，敢打敢拼。忽然有一天，他破产了。你觉得，她还会像以前一样爱他吗？

A、她一定会。B、她一定不会。C、她可能会。

一会儿，我们就做好了。问卷收上来，教授一统计，发现第一题有10%的同学选A，10%的同学选B，80%的同学选C。第二题呢，30%的同学选了A，30%的同学选B，40%的同学选C。"看来，美女毁容比男人破产，更让人不能容忍啊。"教授笑了，"做这两题时，潜意识里，你们是不是把他和她当成了恋人关系？""是啊。"我们答得很整齐。"可是，题目本身并没有说他和她是恋人关系啊？"教授似有深意地看着大家，"现在，我们来假设一下，如果，第一题中的'他'是'她'的父亲，第二题中的'她'是'他'的母亲。让你把这两道题重新做一遍，你还会坚持原来的选择吗？"问卷再次发到我们的手中，教室里忽然变得非常宁静，一张张年轻的面庞变得凝重而深沉。几分钟后，问卷收了上来，教授再一统计，两道题，我们都100%地选了A。教授的语调深沉而动情："这个世界上，有一种爱，亘古绵长，无私无求，不因季节更替，不因名利浮沉，这就是父母的爱啊！"

是啊，父母永远是最爱子女的。这就是我要说的第一点：爱孩子是所有父母的天性。

连动物也不例外。曾经看到过一个故事，令我非常感动，在这里与大家分享：

我看到资料说在非洲流行吃穿山甲。穿山甲被捕获以后，出于恐惧或是自卫的本能，总是把躯体紧紧蜷缩着，卷成一圈。一般购买程序是这样的：买主选定以后，卖方黑人便用力把穿山甲拉直，开膛破肚，取出内脏丢弃，将身躯清理干净，再用铁夹夹着放到火盆里烤灼，直到其身体上的鳞甲全部脱落。

那天货源颇丰，围栏里放满了许多卷成圈的大小不一的穿山甲。那些官员便拣大的挑了几只，并声称要亲眼看着宰杀才放心。一个黑人小伙提起最肥的一只，动作娴熟地准备把它拉直，费了半天力，却怎么也无法把那蜷缩的躯体拉开。这下所有人大奇，那小伙十分尴尬，便一下又一下把那穿山甲往地面上摔去，边摔边解释说，穿山甲遇痛就会将躯体伸张开。不曾想连摔几下，眼见它原本惊恐的小眼睛早已闭合，尖尖的嘴角挂出一缕鲜红的血丝，身体却始终未见张开，反而越蜷越紧。人们不忍卒睹，便摇手示意作罢。那黑人小伙兀自不甘心，直接拿铁钳夹了放到火盆上灼烧。

待到鳞甲脱尽，焦味弥漫，那穿山甲仍然保持原状。这下黑人黔驴技穷，对我们无奈地摇摇头，说这只穿山甲一定有了什么毛病，不可食用，随即顺手将其甩落在身后的沙土地上。

接下来另选的两只宰杀工作都十分顺利，不到五分钟便完成了。他们正在给黑人付钱，却十分意外地发现，原先那只被丢弃在地上的穿山甲竟慢慢地伸直了躯体，把眼睛眯开一条线，接着一阵抽搐，僵硬挺直，彻底没了气息。随着它躯体的伸展，人们震惊地看到，在它摊平的肚皮上，竟蠕动着一只粉嫩透明的小穿山甲，只有老鼠大小，身上的脐带仍与母体相连，小嘴慢慢张合，仿佛在无声地呼唤着母亲。这场景惊得所有人目瞪口呆。只觉得热血翻涌，须发皆张，泪水翻滚在眼眶。那只母穿山甲自身体重不超过十斤，却用血肉之躯历经摔打与灼烧，至死护卫着自己的孩子，被烤至半熟，竟还能保得孩子的周全。那份精神，早已超越了生命的极限。

再给大家讲一个故事吧。我大学的时候是学中文的，有一次学了一篇著名的短篇小说，题目就叫做《母亲》，写的是美洲的一位小山村里的一个妇女。有一天这个妇女怀抱着婴儿走在山路上，与一只凶恶的豺狼相遇。面对着这条吃人的恶狼，那妇女吓得浑身发抖，不知所措。这时那饿狼扑上来，抢走了妇女怀中的婴儿。正在狼企图吃掉孩子的时候，那个母亲突然间奋不顾身地扑向了饿狼，用力地扼住了狼的喉咙，以此来阻止狼吞噬她的孩子。那狼叼起孩子夺路而逃，而这个母亲扼住狼的手也死死地不肯松开。于是，那狼就叼着孩子，拖着母亲在崎岖的山路上狂奔，一直跑了很久。最后，那狼终于倒在路上，松开了叼着的孩子，口吐鲜血而死。那个浑身血肉模糊的母亲，早已昏死过去，可她的双手却依然死死地扼着死狼的喉咙。

这个故事告诉我们：即使是一个再柔弱无力的妇女，一旦她成了母亲，就可能变得勇猛无比，而这种勇敢无私的母爱，会变成巨大无比的力量！这就是母爱的力量和亲情的力量！

所以，作为父母，我们都有足够的理由问心无愧地说：我们都很爱自己的孩子，从打我们的孩子出生以来，我们都在以我们自己的方式为孩子付出了很多很多。我相信在座的家长都会有这样的体会吧？

可是我们的孩子却不这样认为，他们并不认为家长都是爱他们的。

13年前，在浙江金华，发生过一起杀母案。17岁的徐力当时上高二，由于爸爸长期在外地工作，他从小到大基本上是在妈妈的悉心照料下成长。重压之下的徐力感到妈妈管得太严，而且提出的目标无法实现，深感委屈和压抑。因对妈妈的管束不满，2000年1月17日，徐力拿铁榔头活活砸死妈妈，后被判处有期徒刑15年。

1911年11月12日，武汉汉阳高二学生徐鑫举刀砍向父母，妈妈被砍死，爸爸重伤。徐鑫的爸爸说，徐鑫原本成绩很好，但是，"电脑害了他"。为让孩子安心读书，爸爸将电脑放到姑姑家，并骗儿子说电脑卖了。"就为这，儿子经常和家人吵架，越吵越厉害，没想到最后用菜刀砍人。"

2013年5月12日，凌晨，河南鹿邑县法院原院长、周口市中级人民法院法官高天峰和26岁的女儿高炜艺在家中遇害。周口市警方表示，此案件为预谋作案，高天峰的儿子高炜晟（高三学生）涉嫌此案。高炜晟的同学称，高炜晟的父母和姐姐都很宠他。他姐姐主要在家给他辅导功课，对高的同学们也很好。据高天峰的一位好友说，高天峰对他这个儿子期望太高，就想让他考上名牌大学。这句话也在高炜晟同学那里得到证实，并且高炜晟每次出去玩，高天峰都会给他限定时间，多则半天，少则2个小时。但在生活上高天峰对孩子很溺爱，从不缺少他的零花钱。就是面对这么好的父亲，他的儿子高炜晟从今年春节开始就通过网络寻找"杀手"，开始几次，深圳、上海等地有网友骗了高炜晟的预付定金后，就销声匿迹，没有到河南。而他不死心，继续寻找杀手，终于在5月12日酿成悲剧.

2012年，温州某中学，有个初二的女学生，因家长发现孩子手机中有"老婆老公"这样的字词，批评并骂了孩子，结果孩子从大厦的楼上跳下去自杀了。事后获悉那"老婆老公"是他们班两位女同学互相开玩笑而起的外号。一条生命就这样消失，多令人惋惜啊！

据我国一权威机构的一项公众调查显示，我国至少有6000万对父母坦言自己是失败的家长。他们不同程度的认为，现在的孩子存在"独立生活能力差"、"花钱大手大脚"、"自私、不关心他人"、"懒惰"、"依赖"、"冷漠"、"学习不努力"、"缺乏上进心、同情心"等缺陷。北京市的一次调查认为有70%的孩子并没有得到良好的家庭教育。

谁都想把自己的孩子培养好，让他们成为成功的人、幸福的人，可事实上，相当多的家长为孩子的健康成长花费了大量的时间、精力、钱财、心血，然而孩子却叫他们大失所望。为什么？问题出在哪里？我们究竟应该怎么做呢？

首先，要树立正确的观念，家庭教育决定孩子的未来。

据介绍，曾有美国科学家对若干对双胞胎进行研究，从小将他们放在不同的环境下成长，30多年后再次聚到一起，发现双胞胎之间竟然仍有那么多惊人的相似之处。他们的发型、衣着喜好、工作都基本相似，甚至有的人配偶的名字以及给孩子起的名字都是一样的。这说明，遗传因素对人的影响很大，但是，遗传因素的影响就是绝对的么？不是。孩子所处的成长环境对他的影响同样巨大。美国科学家又对从小学到大学都在同一所学校读书的白人学生和黑人学生分别进行研究，发现他们处理问题的方式也因肤色而不同。看来，学校教育环境对人的影响也是有限的，孩子们所处的家庭环境似乎更加重要。

现代著名的家庭心理治疗师专家维吉尼亚·萨提亚说：世界上所有有地位、有影响力的人都是从一个婴儿开始慢慢长大的，他能怎样的发挥自己的影响力，在很大程度上取决于他曾生长在一个什么样的家庭。所以，人都是家庭塑造出来的！父母是孩子的第一任老师，一位早期教育专家认为，一个人6岁之前所受到的教育会影响他的一生。

1966年，美国人科尔曼博士发表一份教育调查报告，这个研究的主题原本是学校教育问题，但它促使美国政府和美国家长开始关注家庭对孩子成长的影响。

1966年，美国人科尔曼向国会递交了"机会均等调查研究报告"。这就是教育史上著名的"科尔曼报告"。这个调查研究的结果令美国人大吃一惊，为什么呢？

在此以前，人们只知道，黑人学生的文化教育水平相对较低，而且越往后差距越大。科尔曼和大多数人一样，都以为这种差距主要是学校的办学条件差造成的。调查结果却发现，黑人学校和白人学校，在校舍设施、教师工资等有形条件上的差距，并不像人们想象的那么大。而造成黑人学生学习水平低的原因，主要不是学校的条件，而是学生的家庭背景。学生的家庭背景和学习成绩有很强的相关性。

"科尔曼报告"发表后，人们开始从两个方面调整自己对教育的看法：一是重视学校教育质量评估，二是重视孩子在学校教育背后的家庭教育。与"科尔曼报告"的结果类似，2007年，日本人三浦展发表了一份调查报告：《阶层是会遗传的：不要让你的孩子跌入"下流社会"》。三浦展的调查报告显示了"家长与孩子成绩"之间的一些微妙关系：孩子的成绩与父亲的阅读量成正比。成绩好的孩子，母亲比较有条理又有趣。有条理却也有趣的母亲，比较能养育出成绩好的孩子来。

成绩好的孩子，妈妈通常是有计划且动作利落的人。父亲越认真、越有条理、越有礼貌，孩子成绩就越好。成绩不理想的孩子，饮食状况也比较混乱。成绩越差的孩子，越依赖便利店的食物。

三浦展的建议是："父母能做的就是改善孩子的生活习惯。……要父母突然之间大量增加收入或许不太可能，更不用说突然提高自己的学历。既然如此，身为父母唯一能努力的，就是设法改善孩子的生活习惯。"

这样看来，如果家长还没有让孩子做好入学的准备，就把孩子的成长完全交给学校，完全由学校里的教师来照料孩子的成长，这是危险的。

有一个德国的心理学家曾经作了这样一个比喻：如果拿教育孩子与驾驶汽车相比，哪一件事更难一些呢？我们肯定会认为教育孩子至少不会比驾驶汽车更容易吧？可是，为了驾驶汽车，我们需要首先进一个专门的学校，学习交通规则，并且参加考试。直到取得了驾驶执照，我们还会小心翼翼地在车和人都不太多的地方反复练习，才敢于驱车上路。可是，关于教育孩子，我们却总是以为，只要有了一个孩子就够了。咱们有谁在生养孩子之前先去找一个父母学校学习怎样孕育生命，怎样胎教，怎样哺乳，怎样进行早期教育，怎样在最有效的时间里教会孩子去学习、去生活、去与人沟通、去承担应该承担的责任、去遵守必须遵守的规则呢？于是，成千上万的双亲的行为举止就如同这样的汽车司机一样，没有驾驶执照却又蒙上了眼睛在上下班的交通高峰期驱车穿过大都市。结果会怎么样呢？肯定是车祸遍地了！所以，目前在全世界都普遍存在着青少年的教育问题。有一回，我在林业大学参加一个国际青少年教育问题的研讨会，有一个美国的心理学家就说到了这个问题，她说在我们美国也是这样，孩子们普遍会对父母说：希望你们能远离我，不要管我，只要把钱给我留下来就好了！

十几年前，一个国际青少年研究机构曾经分别对美国、日本、中国大陆的部分高中生进行过一项调查，调查的题目是这样的：你最尊敬的人物是谁？调查的结果是这样的：日本有1303名学生参加，学生们填写最多的前三名依次是：1.我的父亲；2.我的母亲；3.扳本马龙。美国有1005名学生参加，学生们填写最多的前三名依次是：1.我的父亲；2.乔丹；3.我的母亲。而中国有12000多个学生参加调查，却没有一个学生填写"我的父亲"或者"我的母亲"。我想，我们中国今天的父母比世界上任何一个国家的父母都更爱孩子、心疼孩子，然而，恐怕世界上哪个民族的父母都不像中国今天的父母们这么没有威信吧？

也许，创造一个生命，并不很难，养大一个孩子，应该也不算太难，但是，培养出一个身心健康利国益民的人，却肯定是很难很难的啊！所以，我们常说：为人父母实在是一件不容易的事！

有的家长可能说，我的孩子已经长大了，那是不是已经来不及了呢？不会的，教育孩子永远都来得及的，只要你愿意学习，愿意成长。

那么我们该怎么做呢？

第一，我们要让孩子感受到你的爱。

有一个从前线归来战士，回家之前给父母发了一封信，说自己要回家了，父母很高兴，战争是要死人的，自己的儿子能活着回来是一件多么令人兴奋的事情。

但是儿子说，他还要带个人回家，那是一个在战斗中失去了一条腿和一只手的人。父母回信说，儿子，你自己能回家就行了，干吗还要带着一个残疾人回来呢，谁来照顾他的生活呀？后来，过了不久，父母接到了儿子自杀的通知，家长匆匆忙忙赶过去，看到自己的儿子失去了一条腿和一只手，原来儿子要带的人竟是他自己。由于父母的拒绝，家庭的不接纳，使这个孩子离开了人世，父母后悔莫及，自己当初为什么没有问清楚呢？为什么不能接受这位残疾人呢？为什么没有想到这个人可能会是自己的儿子呢？

今年94岁的玛丽亚·葛莫利是著名的家庭治疗师，她有一个优越的童年。她出生于匈牙利一个富裕的犹太家庭，是家中的独女。从小受到很好的教育，说一口流利的德语。父亲无条件的爱她，是她成长过程中最亲近的人。在她的记忆中，最初体会到父亲的爱是在三岁时。那时，她在父母卧室里的小床上，当她在夜里醒来哭泣时，母亲总是非常生气，于是她就哭得更厉害了。后来，父亲把一条细绳的一端绑在他的手腕，另一端绑在她的小床上，教她在半夜醒来时拉绳子，然后他会回拉，这是一种极大的安慰，让她感到被爱，能得以继续安睡。

下面说说这个小故事。有一个女孩，没考上大学，被安排在本村的小学教书，由于讲不清数学题，不到一周被学生轰下台。母亲为她擦了擦眼泪，安慰说，满肚子的东西，有人倒得出来，有人倒不出来，没必要为这个伤心，也许有更适合你的事情等着你去做。后来，她又随本村的伙伴一起外出打工，不幸的是，她又被老板轰了回来，原因是剪裁衣服的时候，手脚太慢了，质量也过不了关。母亲对女儿说，手脚总是有快有慢，别人已经干了很多年了，而你一直在念书，怎么快得了呢？女儿先后当过纺织工，干过市场管理员，做过会计，但无一例外，都半途而废，然而每次女儿沮丧回来时，母亲总安慰她，从没有抱怨。

三十岁时，女儿凭着特有的天赋，做了聋哑学校的辅导员，后来她又开办了一家残障学校，再后来，她在许多城市开办了残障人用品连锁店，已经是一个拥有几千万资产的老板了。

有一天，功成名就的女儿凑到已经年迈的母亲面前，她想得到一个一直以来想知道的答案，那就是前些年她连连失败，自己都觉得前途渺茫的时候，是什么原因让母亲对她那么有信心呢？母亲的回答朴素而简单，她说："一块地，不适合种麦子，可以试试种豆子，豆子也长不好的话，可以种瓜果，瓜果也不济的话，撒上一些荞麦种子一定能开花，因为一块地，总有一粒种子适合它，也终会有属于它的一片收成。"

听完母亲的话，女儿落泪了。她明白了，实际上，母亲恒久而不绝的信念和爱，就是一粒坚韧的种子，她的奇迹，就是这粒种子执著而生长出的奇迹。

再讲一个中学生父母离异、父亲再婚后怎么让孩子仍然感受到父母的爱的故事。我们一起来分享这篇高二女孩儿的日记吧。

爸爸和新妈妈去度蜜月了，欧洲 10 日游。我因为上学，不能同去，而这两个周末，则成了我最痛苦的日子。爸爸走了，把我一个人留在这个空荡荡的房子里。今天坐在从寄宿学校回家的班车上我不由得想：比起我来，爸爸还是更爱新妈妈吧！他们的照片摆在卧室里，上面是两个人甜蜜的笑容，爸爸给她买了许多香水、化妆品，还有衣服……

心里酸酸的，脸上已经满是泪水。我努力说服自己：妈妈走了十年了，爸爸到现在才获得新的幸福啊！尽管这样，还是觉得爸爸被夺走了，虽然新妈妈对我也不错，但还是觉得被夺走了那份以前只属于我的爱。

回到家，打开家门，家里一片漆黑。心里安慰着自己，有什么可怕的？但还是打开了所有的灯。我坐在"金碧辉煌"的客厅里，终于有了一丝心安与平静。就我一个人，干什么呢？先喝杯酸奶看会儿电视吧？想着，转身去了冰箱处，只见冰箱上贴着张黄色的纸条，上面有爸爸熟悉的字迹："宝贝儿，冰箱里有昨天刚酱好的牛肉，放在红色的保鲜盒里，还有酸奶，在第一层。冷藏层妈妈给你冻了冰块，一层还有你最喜欢的冰激凌，关冰箱时别忘了把冰箱门关好。"这时，爸爸亲切的脸浮现在我脑海中，是那么的可亲，那么令人心动。我笑爸爸的细心，同时嘲笑自己的粗心。家里的每一个地方都留了这种便条，鲜黄色的，那么显明，那么耀眼，那么温暖。沙发上："别在沙发上睡着了，记得关电视。"热水器上："洗好澡一定要关上热水器啊！"灶台上："不用自己动火，橱柜里有即热即食的咖喱。"电饭锅上："饭弄好后一定要把电源关掉，焖一会再吃。"一张张字条随处可见，书写着爸爸浓浓的亲情，黄澄澄的纸上的黑色墨汁，写满了父亲赋予我的温暖。于是，我只留了几盏必用灯，把多余的灯都关了。整个房间又黑了下来，但是我不怕了，有了这些黄澄澄的字条，家里处处都是光明，还是那样的"灯火辉煌"。

我倦了，累了，刚刚的"寻宝游戏"已经耗掉了许多体力，于是回到自己的卧室准备睡觉。只见窗帘上还有一个我没发现的宝贝，上面写着我不熟悉的字体："孩子，关好门窗，拉好窗帘，盖好被子，不要着凉。"我又一次怦然心动，眼泪也夺眶而出。我是那么的爱这些便条，因为，从它们那里，我明白了：谁也没有夺走我的爸爸，是爸爸又给我找回了妈妈！

  我们要明确，这种爱不是溺爱，爱很奇妙，有时你付出得越多，期望值越高，相反得到的是令人懊恼和忧伤的结果。许多父母，从小为孩子牺牲奉献，早起晚睡，省吃俭用，哪怕在外面省下半口，都要带回家给自己的孩子。越牺牲，越爱，也越会导致伤害。正是因为如此，所以总听见有些父母咬牙切齿地埋怨孩子没良心。他们会拿别人的孩子比，说别人对孩子远不如自己付出得多，为什么别人的孩子更用功、更孝顺？然后，他们会怪自己，说自己过去都错了，错在只想着孩子，忘记了自己。他们说的一点也没错。父母为孩子忘掉了自己，却不知道在爱一个人之前先得爱自己，自己也是人。如果连自己都不能照顾好，如同"泥菩萨落水——自身难保"，怎么去护佑人、照顾人？

  近来，时常从媒体上读到一些孩子犯罪的负面新闻，比如《李双江之子李天一陷入轮奸案》《复旦大学投毒案》《留学博士归国弑母案》等等，实在让人心痛。这些孩子们犯罪的典型恶性案件，应该说给全社会敲响了警钟！孩子们为什么会走上犯罪道路？

  就拿李天一来说吧，父母疼孩子可不是这样的疼法的。梦鸽和她的歌唱家老公是怎么疼孩子的，14岁开宝马，在学校是小霸王，甚至再大些都叫出"海淀一支枪"了。这孩子着实是让梦鸽惯坏了！进了一次牢房不说又进了第二次，而且性质不同。怎么当家长的就没得到教训呢！打架，又敢去酒吧玩，然后开房睡觉夜不归宿，这可就是家长的责任了！像梦鸽这样的哪是疼孩子，这是害孩子呀，李天一多可爱，长相很阳光的孩子，最后到了世人皆知丑行地步了！孩子必须疼，但梦鸽的做法不是疼，是害！还不是很成熟的孩子，又打架又泡吧又玩弄女孩子，梦鸽打算还要把孩子惯成什么样！

  爱孩子是本能，怎么爱是艺术。

  要培养孩子从小养成良好的习惯（包括生活习惯和学习习惯）。

  最近一段时间，我看了中央电视台播放的《舌尖上的中国》。我国确是美食大国，全国有八大菜系，粤菜、川菜、湘菜、鲁菜、苏菜、浙菜、闽菜、徽菜，等等。《走遍中国》的栏目里还介绍许多少数民族的美食，看了真是垂涎欲滴。但是，每个人最爱吃的恐怕还是家乡菜，特别是人到老年，总想着吃到小时候吃过的东西，总是觉得妈妈做的饭菜最好吃。所以，传统最容易巩固在舌尖上。也就是说，小时候养成的习惯最不容易改变。这使我想到，为什么幼儿园阶段的主要任务是养成教育，要培养孩子良好的习惯。

什么叫习惯？心理学上的界定是：经过反复练习逐步养成的不需要意志努力和监督的自动化行为模式。这种行为模式若受到破坏，会产生不愉快感。可见，习惯的特征是：一是自动化行为；二是不易改变；三是受到破坏会产生不愉快感。良好的习惯是这样，不良的习惯也是这样。我们常常把习惯看成一种个人小节，不太重视良好习惯的养成。其实，习惯养成以后，就会变成一种信念，一种自动化行为。一个人的道德信念也是这样养成的。中国文化传统中讲"慎独"，就是在没有人看到的情况下也能遵守道德规则，这是道德的最高境界。这种境界也是要通过行为习惯逐步养成的。可见，从小养成良好的习惯是非常重要的。

一位没有继承人的富豪死后将自己的一大笔遗产赠送给远房的一位亲戚，这位亲戚是一个常年靠乞讨为生的乞丐。这名接受遗产的乞丐立即身价一变，成了百万富翁。新闻记者便来采访这名幸运的乞丐："你继承了遗产之后，你想做的第一件事是什么？"乞丐回答说："我要买一只好一点的碗和一根结实的木棍，这样我以后出去讨饭时方便一些。"

可见，习惯对我们有着绝大的影响，因为它是一贯的，在不知不觉中，经年累月地影响着我们的行为，影响着我们的效率，左右着我们的成败。

一个人一天的行为中，大约只有5%是属于非习惯性的，而剩下的95%的行为都是习惯性的。即便是打破常规的创新，最终也可以演变成为习惯性的创新。

根据行为心理学的研究结果，3周以上的重复会形成习惯，3个月以上的重复会形成稳定的习惯，即同一个动作，重复3周就会变成习惯性动作，形成稳定的习惯。

亚里士多德说："人的行为总是一再重复。因此，卓越不是单一的举动，而是习惯。"

有个动物学家做了一个实验：他将一群跳蚤放入实验用的大量杯里，上面盖上一片透明的玻璃。跳蚤习性爱跳，于是很多跳蚤都撞上了盖上的玻璃，不断地发出叮叮咚咚的声音。过了一阵子，动物学家将玻璃片拿开，发现竟然所有跳蚤依然在跳，只是都已经将跳的高度保持在接近玻璃即止，以避免撞到头。结果竟然没有一只跳蚤能跳出来——依它们的能力不是跳不出来，只是它们已经适应了环境。

后来，那位动物学家就在量杯下放了一个酒精灯并且点燃了火。不到五分钟，量杯烧热了,所有跳蚤自然发挥求生的本能,每只跳蚤再也不管头是否会撞痛(因为它们以为还有玻璃罩),全部都跳出量杯以外。这个试验证明,跳蚤会为了适应环境,不愿改变习性,宁愿降低才能、封闭潜能去适应。

我想,人类之于环境也是如此。人类在适应外界大环境中,又创造出适合于自己的小环境,然后用习惯把自己困在自己所创造的环境中。所以,习惯决定着你的活动空间的大小,也决定着你的成败。养成好习惯对于你的成功非常重要。

心理学巨匠威廉·詹姆士说:"播下一个行动,收获一种习惯;播下一种习惯,收获一种性格;播下一种性格,收获一种命运。"

咱们的孔老夫子说得很好,他说:"少成若天性,习惯如自然。"少成若天性是什么意思呢?就是说小的时候养成的习惯会像人的天性一样自然、坚固,甚至说就变成你的天性了。以至于以后所取得的成功、创造的奇迹,很多方面都是在小的时候形成的习惯所支撑的。

诺贝尔奖获得者在巴黎聚会。有人问其中一位获奖者:"你在哪所大学、哪所实验室里学到了你认为是最主要的东西呢?"出人意料,这位白发苍苍的学者回答:"是在幼儿园。""在幼儿园学到了些什么呢?"学者答:"把自己的东西分一半给小伙伴们,不是自己的东西不要拿,东西要放整齐,吃饭前要洗手,做了错事要表示歉意,午饭后要休息,学习要多思考,要仔细观察大自然。从根本上说,我学到的全部东西就是这些。"这位学者的回答代表了到会科学家的普遍看法,概括起来,他们认为终生所学到的最主要的东西是从小家长和老师给他们培养的良好习惯。

心理学家王极盛先生访谈过200名高考状元,他认为这些状元们都有良好的学习习惯。在总结高考状元的父母培养孩子的六个秘诀时,其中重要的一条就是培养孩子良好的学习习惯。我们在调查中发现,孩子的成绩与他们的学习习惯水平是成正比的。凡是学习成绩好的孩子,往往也是学习习惯好的孩子。

从小养成讲秩序的习惯,对学生今后的工作很有帮助。有一个学生长大后当了编辑,他说:"生活有秩序为我帮了大忙,我桌上稿子很多,我都严格分类,采用的、不用的、需我本人修改的,从不混淆。每当我改稿时,思维很紧张,遇到流汗、流鼻涕时,很自然地就用左手从左下衣兜里掏出手绢。由于这是定型性行为,我拿手绢根本不用动脑子,所以没打断我的思路,不用我停笔,节约了大量时间。"他说,"这都要感谢小时候家长和老师帮我养成的好习惯。"

培根说:"习惯是一种顽强的巨大的力量,它可以主宰人生。"北京某外资企业招工，报酬丰厚，要求严格。几个高学历的年轻人过五关斩六将，几乎就要如愿以偿了。最后一关是总经理面试。总经理说："我有点急事，你们等我几分钟。"总经理走后，踌躇满志的年轻人们围住了老板的大办公桌，你翻看文件，我看来信，没一人闲着，甚至还有人说话带脏字、随地吐痰。几分钟后，总经理回来了，宣布说："面试已经结束，很遗憾，你们都没有被录取。"年轻人大惊大感："面试还没开始呢！"总经理说："我不在期间你们的表现，就是面试。本公司不能录取习惯不好的人。"年轻人全傻了。因为从小到大，没有人告诉他们这一常识，更谈不上习惯养成。

相反有个事例，一个孩子去报考外企，主考官认为他知识上有些欠缺，告诉他另谋出路。这个孩子临走时，一按椅子，被椅子上露出的钉子尖扎破了手。他并没有说什么不好听的话，而是顺手用主考官桌上的镇尺把钉子敲回去，然后礼貌地走了。走不多远，主考官派人把他找回来说你被录取了。录取的原因是他有好习惯，有"眼力架"。

美国福特公司名扬天下，不仅使美国汽车产业在世界独占鳌头，而且改变了整个美国的国民经济状况。谁又能想到该奇迹的创造者福特当初进入公司的"敲门砖"竟是"捡废纸"这个简单的习惯呢？那时福特刚从大学毕业，他到一家汽车公司应聘，一同应聘的几个人学历都比他高，福特感到没有希望了。当他敲门走进董事长办公室时，发现门口地上有一张纸，他很自然地弯腰把它捡了起来，看了看，原来是一张废纸，就顺手把它扔进了垃圾篓。董事长对这一切都看在眼里。福特刚说了一句话："我是来应聘的福特。"董事长就发出了邀请："很好，很好，福特先生，你已经被我们录用了。"这个让福特感到惊异的决定，实际上源于他那个不经意的动作。福特应聘业务员的成功，看上去很偶然，但实际上却是必然的。他那下意识的动作是他良好习惯的体现，正是这种良好习惯成就了他的事业。

20世纪60年代，前苏联发射了第一艘载人宇宙飞船，宇航员是大家熟知的加加林。当时挑选第一个上太空的人选时，有这么一个插曲：几十个宇航员去参观他们要乘坐的飞船，进舱门的时候，只有加加林一个人把鞋脱下来了。他觉得："这么贵重的一个舱，怎么能穿着鞋进去呢？"就加加林的这一个动作，让主设计师非常感动。他觉得，只有把这飞船交给一个如此爱惜它的人，他才放心。在他的推荐下，加加林就成了人类第一个飞上太空的宇航员。所以有人开玩笑说，成功从脱鞋开始。

衡量一个人的道德，不是听其口若悬河的语言，而是看其是否有良好的行为习惯。这几个事例说明，习惯不同，人的机遇就不同。

好习惯是父母送给孩子的最好礼物。

培养良好习惯还不只是为了成才，更重要的是为了孩子成人，在一定意义上说，成人比成才更重要。有的孩子讲文明、懂礼貌，人见人爱；有的孩子流里流气，人见人烦。孩子养成不良习惯贻害无穷，坏习惯就像病魔缠身一样，使你成为坏习惯的奴隶。总之，养成教育可以使孩子修养更高，行为更规范，成为一个有教养的文明人，它为孩子成才奠定了良好的基础。因此，作为家长应该充分认识到良好行为习惯的培养的重要性。孩子是父母的希望，是祖国的未来，作为父母，努力培养孩子良好行为习惯，就是送给孩子最好的礼物，也是留给孩子最大的财富。那么怎么培养？好习惯不是唠叨出来的，而是训练出来的。

不良习惯会带来什么？

教育就是培养好习惯，好习惯是用加减法训练出来的。

很多家长抱怨，孩子的坏毛病自己都说了若干遍了，可他总也改不掉。"就算你说一万遍，他也不会改的！"孙云晓说，一句话重复3遍就是对别人的折磨，对孩子的教育，主要是培养一个好的习惯。

孙云晓强调，父母在要求孩子养成某种习惯时，一定要具体化而不能泛泛而谈，比如规定早上几点钟起床，怎么整理要用的书籍……这样孩子才会有一个完整的概念。但是，好习惯不是唠叨出来的，而是训练出来的。孙云晓说，孩子都有健忘症，在某一个好习惯养成的过程中，家长得对他进行及时评估、鼓励。他用一个故事来说明如何及时评估和强化：一个小男孩做作业时很不专心，1小时内能站起来7次。妈妈为了改掉他这个坏习惯，和他商定，如果他1小时只起来3次，就让他看动画片，否则免谈。结果，一周过去，小男孩5天内有3天超过了3次，受到了惩罚。又一周过去，他只有1天超过了3次，1个月后，他养成了专心做作业的好习惯。孙云晓分析，这个妈妈之所以成功，就是成功地运用了习惯养成的加减法：即培养一个好习惯要用加法，去掉一个坏习惯要用减法，千万不能一蹴而就、粗暴行事。

要注意培养健康人格，做孩子的重要他人。

"我本来不想接受采访，但如果我的经历能为其他父母提供些经验教训，还是好的。"曾秀英（化名）的话中透着无奈和难过。她的儿子小凯是在她33岁、丈夫40岁出头时生的，所以一家人都很宝贝这个迟来的孩子，从来舍不得让他做一点家务，什么都是曾秀英包干了。

小凯成绩不错，2012年毕业于外地一所重点大学。就在大家恭喜曾秀英熬出头时，让她意想不到的事发生了。小凯毕业回重庆后，面试了几家单位未果就再也不肯迈出家门一步。"他天天待在卧室里通宵打游戏，白天睡大觉。头发不剪、胡子不剃。他最烦听到'工作'两个字，否则就闹，就砸东西。"曾秀英说，所有亲戚都一一来劝慰小凯，但皆被他轰了出来，因为大家都不可避免地提到了工作。

2013年春节，曾秀英看着儿子萎靡、邋遢的模样，一下子跪在他面前声泪俱下："幺儿，妈妈求求你，快告诉我，你到底出了啥子事？"既要照顾身患肝病的丈夫，又要服侍待业的儿子，曾秀英濒临崩溃的边缘。此时的小凯也痛哭流涕，娓娓道出宅家缘由。

原来，小凯一进大学就发现自己是个"生活白痴"，不会铺床单、不会洗衣服、不会打扫卫生……他的解决方法是：大学4年，衣物全花钱送到洗衣房洗，袜子、内衣裤穿脏就扔；找借口逃避宿舍卫生的打扫。这4年来，小凯没有一个说得上话的朋友。毕业前夕，他去了多家外地企业实习，都没能留下来，企业的鉴定记录上写着"实践能力有待提高""责任心不够"等不良评语。毕业后，他灰溜溜回了重庆，在四处求职碰壁后，顿觉无地自容，心理防线塌陷了，下定决心"一宅到底"。

张渝成表示：这是典型的父母教育失败所致。孩子从小就被家长剥夺了除学习以外的几乎所有能力的培养和训练。一个人的成长应该是全方面的，如智力、人际交往、生活技能、劳动技能、工作技能、意志品质等。其中很关键的是对劳动的意识和应对挫折的能力培养，如果只注重学习能力的训练和提高，忽视非智力因素的训练和提高是极其错误的做法，其后果正如小凯一样。

遗憾的是，家长到这样的地步还不知道是谁出了问题，这是家长错误的养育方式造成的。教育和培养孩子是一个复杂的系统工作，家长也有一个学习的过程，如果忽视了培养小孩的最终目的是其将来融入社会并独立生活的基本前提，培养的结果肯定是畸形的。

我想大家一定还记得前些年清华大学有一个叫刘海洋的学生，他的母亲从他上幼儿园一直到高中阶段都一直是出了名的模范家长，他的母亲多年来都一直把他当成是自己的骄傲与荣耀，她常年到学校、到社区、到企业去宣讲自己教育孩子的宝贵经验。比如她如何监督孩子努力学习、遵守纪律，成绩连年第一，连年三好学生，考进了重点初中、重点高中、名牌大学。可是她就是没有发现孩子生活上严重的依赖性和从骨子里不愿意接收母亲对他精神上的严格束缚以及他心理上长期以来的抑郁情绪。直到他充满了一腔无名的怨恨情绪到动物园用硫酸故意烧伤了那里的大熊，触犯了国家的法律才促使他的母亲和老师们重新全面地来审视这个身上挂满了各种桂冠的优秀学生，才发现原来许久以来他的身上都存在着严重的问题。

不少家长教育时存有误区：只关心孩子的成绩而不顾其他，结果孩子压力很大。对此，孙云晓指出，对孩子的教育核心是培养健康的人格。

关于健康人格，孙云晓讲了一下自己在教育部开会的经历："国内一所顶尖大学的领导发言，说考进这所大学的学生中，有35人曾有自杀的念头，700人有心理问题。"

接下来的一则故事更是让人叹息：一个男生品学兼优，被保送名牌大学，在校期间却因故意杀人罪获刑11年。原来，这名学生性格孤僻，大三时好不容易有了个朋友，但对方却嫌他烦，他深受打击用"铊"投毒杀人的方法报复，自己的命运也就此改变。

还有，马加爵杀死四个同寝室同学，被判处死刑；药家鑫从四岁开始，他就已经没有童年了，在妈妈的棍棒和爸爸训斥还有孩子的眼泪中天天练琴。琴是练出来了，可孩子的快乐童年毁掉了，孩子的心灵扭曲了。一个孩子的心没有了，他能活好吗？药家鑫出车祸撞人是一件偶然的事情，但是药家鑫杀人却是迟早要发生的。为什么？因为他随身携带着一把可以杀人的刀，说明他早就有了杀人的心，只不过不是杀别人就是杀自己罢了！

还有新近刚出现的大学生投毒，愚人节开玩笑，竟然用毒药放进喝水的桶里，投毒，害死了同学。因他是理科生他曾经用这个做过老鼠的实验，老鼠都死了，可是他拿来投毒杀同学却连眼睛都没有眨一下，多可怕啊！

所以，孙云晓认为，教育的成功不仅仅是分数的问题，还与爱心、责任心、自制力、尊重他人有关。他"告诫"家长，如果孩子没有朋友，将比他考试不及格更要严重。

人的一生中，起到影响作用或者决定性作用的人，就那么几个。按人的成长过程一路排下来，分别是父母、老师、朋友和恋人（配偶）。5岁之前，父母的作用最大，由于孩子的自主意识不强，有时父母说什么就是什么。上小学开始，老师就很重要了，这个时期的孩子最喜欢挂在嘴边的话是"老师说……老师说……"成为他们判断问题的重要依据。读中学了，朋友开始越来越重要，做父母的千万不要在孩子的朋友面前直接批评他，这样会让他感觉没有面子，不仅达不到教育的效果，还会使亲子之间产生隔阂。家长要根据孩子不同的成长阶段做出不同的自我定位。在孩子成长过程中，家长要完成从专制型到权威型，再到朋友的一个转变，这样的家长，才是成功的家长。

在子女入小学之前，家长可以是专制的，因为，孩子这时并没有思考能力，家长有必要帮着他思考。甚至在这段时间里，即使偶尔打打孩子，也不是很大的问题。孩子上学了，家长就要转型了，要学习成为一个权威的，而不是专制的家长。权威型和专制型家长最大的区别是，家长用自身的威信影响着孩子的判断，而不是直接帮孩子做决定。有些事情，孩子已经有些明白了，那就要跟他商量。很多家长以"为你好"为借口，一直强迫孩子接受自己的观点，这样是不对的。"为你好"不一定能够使得"你好"。家长们要将事情的决定权逐渐过渡给孩子。从中学开始，家长就基本没有什么权威了。此时，孩子最重要的他人是朋友。家长要想在这个阶段，还能影响孩子的成长，那么就必须学会做孩子的朋友。什么是朋友？朋友就是能够站在对方的立场上，设身处地为对方着想的人。总是摆着家长的架势教训人的不是朋友，一回家就问成绩的不是朋友，当着其他人面大声训斥的更不是朋友……孩子们都是很聪明的，只要你真是一个值得交的朋友，孩子就一定会和你成为朋友。这样，他碰到什么事情，有什么问题都会跟你说，那我们就会掌握孩子的心理动态，这比什么都重要。不然酿成悲剧就为时晚矣！

2011年7月3日，在南京一中初中部的电化教室里，坐满了来自该校初三（2）的学生和家长。几天前，家长们收到来自班上英语（论坛）老师黄侃的一封信，上面写道："初中毕业，意味着更多的跋涉，更多的付出，更多的努力。为了让你们的孩子能在高中阶段走稳人生的每一步，本人拟举行一次有关生命意义的活动，届时我会以一个母亲的身份来谈这一沉重的话题，目的是与大家一起探讨如何正视困难，面对挑战，学会释然。本次活动纯属个人行为，你们可以自己参加，可以带着孩子一起参加，也可以不参加。"结果是，几乎都有的学生和家长都来到了现场，因为他们明白，黄老师的这堂课非比寻常。

这是一堂特殊的生命教育课，主讲人黄侃老师是一位失去爱女的母亲，而她的女儿从小到大都是人们眼中的优秀学生，不仅成绩优异，而且能歌善舞，爱好广泛。而就是这样一位堪称完美的学生，却在两年前异国留学时期，选择了以极端的方式结束了自己的生命。这样的打击对作为母亲、又为人师的黄侃来说，痛彻心扉，开始陷入了深度思考。

课堂一开始，黄侃老师首先播放了一个8分44秒介绍女儿的视频，画面上的女生笑容灿烂可爱。"2009年2月8日，适逢元宵佳节，我下课后发现一个未接电话，是女儿同窗六年的闺中密友打来的，等打过去询问原由，对方说我女儿出事了。凌晨12：10，中国驻荷兰大使馆证实了我女儿已离去的消息，并要求尽快办理出国手续，去荷兰处理丧事。"在讲述一个孩子离去对家庭的彻骨伤痛，已被泪水淹没的黄侃老师无法继续。她请班上的韩笑同学朗读了自己给天国女儿的信。"我的孩子是一名非常优秀的学生，但正因为大家都觉得她好，她对自己的要求就很高，压力也非常大。她什么都自己扛，而没有去沟通，去求助，最后选择错误的方式结束自己花一样的生命，带给所有爱她的人无限的悲痛。所以孩子的心理教育非常重要，即使是好孩子，也很需要帮忙排遣负面的情绪。"

要善于发现孩子的优点。

中学生的家庭教育在其中最棘手，"谁家有个中学生，就等于谁家有一颗定时炸弹。"孙云晓认为，理解和尊重是父母对孩子爱的前提与基础，要相信孩子，相信孩子会越来越好的。

周宏提出一种赏识教育法。周婷婷一岁半因药物中毒导致双耳全聋。三岁半在父亲周宏（及其家人的悉心教育）下，开口说话并学习认字进入普通小学读书；八岁背出圆周率小数点后一千位数字，打破当时世界吉尼斯纪录；十岁和父亲周弘合写了一本书《从哑女到神童》；十一岁升入中学，同年被评为"全国十佳少先队员"。

同时还有拇指教育、食指教育、棍棒教育。

人常说："棍棒底下不但出孝子，还能出才子！"事实果真如是？我看未必吧！"棍棒底下出好料"的教育方法，有时与一味溺爱娇宠一样，都是可怕的危险教育。父母爱子女，人之常情。谁不盼望子女成才呢？某种意义上说，严格教育子女是对的，适度责罚，也是为了孩子长记性，不再犯不该犯的错误。人常说："玉不琢不成器。"在儿女成长的道路上，中国传统的教育思想，多是在硬性灌输下被动等待孩子自行开悟。虽有强调因势利导的警句，但更多的是强调严格施教。包括学校老师在内，有时也是强势体罚，动辄拳打脚踢。当然，如此也不乏成功的例证，但也有将孩子逼入绝境甚至酿成悲剧的可能。靠打骂、虐待的棍棒教育，有可能给孩子的心灵造成巨大创伤，使家庭对他们失去了吸引力。有些青少年不堪父母打骂，产生逆反心理——视父母为仇人。近年来，诸多家长对孩子施以"棍棒教育"的案例（如：负气出走的，危害社会的，怒杀父母的，跳楼自杀的，等等）屡屡见诸报端，值得警惕。家庭是孩子接受启蒙教育的第一课堂，父母是孩子的第一任老师。

和风细雨，循循善诱的教育，犹如一颗甜蜜的糖果。

打骂、斥责，就像苦瓜、黄连，只有善用，才能是好菜良药。

棍棒教育是一种冒险，打骂一定要适度、慎用！

美国著名的心理学家罗森塔尔曾做过这样一个试验：

他把一群小白鼠随机地分成A组和B组，并且告诉A组的饲养员说，这一组的老鼠非常聪明；同时又告诉B组的饲养员说他这一组的老鼠智力一般。几个月后，教授对这两组的老鼠进行穿越迷宫的测试，发现A组的老鼠竟然真的比B组的老鼠聪明，它们能够先走出迷宫并找到食物。

于是罗森塔尔教授得到了启发，他想这种效应能不能也发生在人的身上呢？他来到了一所普通中学，在一个班里随便地走了一趟，然后就在学生名单上圈了几个名字，告诉他们的老师说，这几个学生智商很高，很聪明。过了一段时间，教授又来到这所中学，奇迹又发生了，那几个被他选出的学生现在真的成为了班上的佼佼者。

为什么会出现这种现象呢？正是"暗示"这一神奇的魔力在发挥作用。

在经济学上曾经有一个著名的"希尔顿价值说"，大意是，一块普通的钢板值5美元，如果把这块钢板制成马蹄掌，它就值10.5美元，如果做成钢针，就值3550.8美元，如果把它做成手表的指针，价值就可以攀升到25万美元。

那么，一块钢板值多少钱呢？

纽约州第一任黑人州长罗杰·罗尔斯的故事或许可以回答这个问题。罗尔斯出生在纽约州的一个贫民窟，这里的孩子逃学、打架成风，有的还偷窃、吸毒，非常难管，长大了也鲜有能找到体面工作的。而罗尔斯则幸运地遇到了皮尔·保罗——他的小学校长。皮尔·保罗想尽办法劝孩子们回到课堂，劝他们不要打架，劝他们要有理想，但都无济于事。最后他想到了给孩子们看手相。当罗尔斯伸着小手走向讲台时，皮尔·保罗展开他的小手，说："我一看你修长的小拇指就知道，将来你是纽约州的州长。"这句话在罗尔斯幼小的心灵里发生了一次大爆炸。因为从小到大，只有奶奶让他振奋过一次，有一天奶奶说他可以成为一艘五吨重的船的船长。从此后，罗尔斯记下了这句话，并坚信它。他的衣服不再沾满泥土，他不再产污言秽语，他总是挺直腰杆走路，他成了班长。在以后的四十多年里，他没有一天不是按照一个州长的规范要求自己。五十一岁时，他真的成了州长。

一块钢板值多少钱呢？就看你把它看成什么，马蹄掌还是指针。

还有一个故事。是我上课时老师给我讲的，有一个学校请来了著名教育学家来学校指导工作。这个教育学家非常厉害的就是他指导过的学生都很有出息，被教育界奉若神明。学生也以见他一面为荣。这所学校有一个班以问题学生和学困生出名，学校很头疼。就对这个教育学家说，您来看看这个班的学生怎么办吧。

于是教育学家就来到这个班，见了一班的学生。摸摸这个头对所有人说，这小伙不错一定可以成为大企业家。看一个小女孩安静坐在哪说你可是个好公关的料……以此他夸讲了许多学生。这几个学生在他走后高兴极了。连教育学家都这么说那我一定是块好料。从此真的变得越来越好了。许多年以后，他又来了。校长说，你真是神了，你说的那几个孩子差不多都成才了。他们以前可都是差生呢，你是怎么看出来的？结果教育学家说，我什么也没看出来呀。我甚至没有好好看他们。我只是故意这么说的。

有一位妈妈第一次去参加家长会，幼儿园的老师对她说："你的儿子有多动症，在板凳上连三分钟都坐不了，你最好带他去医院看一看。"

回家的路上，儿子问妈妈，老师都说了些什么，妈妈鼻子一酸，差点流下泪来。因为全班30位小朋友，唯有她的儿子表现最差，唯有对她，老师表现出看不起的神情。

然而妈妈还是告诉她的儿子："老师表扬你了，说宝宝原来在板凳上坐不了一分钟，现在能坐三分钟了。其他的妈妈都非常羡慕妈妈，因为全班只有宝宝进步了。"

那天晚上，她儿子破天荒吃了两碗米饭，并且没让妈妈喂。

儿子上小学了。家长会上，老师对妈妈说："全班50名同学，这次数学考试，你儿子排第40名，我们怀疑他智力上有些障碍，您最好能带他去医院查一查。"回去的路上，妈妈流下了泪。然而，当她回到家里，却对坐在桌前的儿子说："老师对你充满信心。他说了，你并不是个笨孩子，只要能细心些，会超过你的同桌，这次你的同桌排在21名。"

说这话时，她发现，儿子黯淡的眼神一下子充满了光，沮丧的脸也一下子舒展开来。她甚至发现，儿子温顺得让她吃惊，好像长大了许多。第二天上学时，去得比平时都要早。

孩子上了初中，又一次家长会。妈妈坐在儿子的座位上，等着老师点她儿子的名字，因为每次家长会，她儿子的名字在差生的行列中总是被点到。然而，这次却出乎她的预料，直到结束，都没听到。妈妈有些不习惯。临走的时候，去问老师，老师告诉她："按你儿子现在的成绩，考重点高中有点危险。"

妈妈怀着惊喜的心情走出校门，此时她发现儿子在等她。路上她扶着儿子的肩，心里有一种说不出的甜蜜，她告诉儿子："班主任对你非常满意，他说了，只要你努力，很有希望考上重点高中。"

高中毕业了。第一批大学录取通知书下达时，学校打电话让她儿子到学校去一趟。她有一种预感，她儿子被清华录取了，因为在报考时，妈妈给儿子说过，妈妈相信他能考取这所学校。

儿子从学校回来，把一封印有清华大学招生办公室的特快专递，交到妈妈的手里，突然转身跑到自己的房间里大哭起来，边哭边说："妈妈，我知道我不是个聪明的孩子，可是，这个世界上只有你能欣赏我……"这时，妈妈悲喜交加，再也按捺不住十几年来凝聚在心中的泪水，任它落在手中的信封上。

啰嗦了这么半天，其实，我真正想对大家说的还是我上次说过的那句话：为人父母，真的是一件很不容易的事。从这个小生命降生的那一天开始，就注定了生活所赋予我们的那份沉甸甸的责任。而在这个过程中，父亲的教育非常重要，我们要增强父亲在家庭教育中的作用。再讲一个例子：是外国的，一对夫妻离婚了，母亲带着幼小的儿子生活，孩子渐渐长大，经常被人家嘲笑他没有爸爸，母亲就经常安慰她："孩子，你知道吗，你的聪明才智都遗传自你父亲呢！"在他10岁时，终于见到了他的父亲，他肯求父亲留下来，但父亲只陪了他一个月，最后还是走了。他愤怒地指责父亲。母亲却温柔而坚定地告诉他："你老爸是个了不起的人，他是个全才，不光有个好头脑，还能说会唱，当年我就是被他的口才迷住的呢。而且他是那么勇敢，那么了不起，有很多姑娘都为他着迷呢！"这个母亲知道，父亲永远是儿子的一个梦，这个梦将会陪伴儿子一生，成为他人生的指路灯。而她能做的，就是为这个梦涂上色彩，而不是将它毁灭。为了儿子的前途，她不惜饱受分离之苦，毅然把儿子从非洲送到美国去接受教育。每当儿子有些懈怠时，她就会对儿子说："你不能像那些只顾享乐的人一样，总是坐等着机会送上门来。"每当儿子遇到挫折时，她就会称赞他："亲爱的，你真的很棒，没准以后你能当总统呢！后来，在父母的影响下，这个孩子产生了强烈的成就欲望，促使他从教授到州议员、国会议员，最后，他决定以成为美国总统为自己毕生追求的目标。后来，他的母亲去世了，但是他也终于实现了他的奋斗目标——他就是美国现任总统奥巴马。奥巴马这样介绍他的母亲:"她是我所知道的最仁慈、拥有最高尚灵魂的人,我身上最好的东西都要归功于她。"

据北京市妇联一项调查,目前家庭负责孩子教育主要还是母亲,占70.2%,父亲仅占20%。我们并不否认母亲教育的重要性,母亲以女性特有的细腻感情、做事认真仔细、温柔的性格去影响孩子,通过讲故事、教唱歌、玩玩具等给了孩子很多的关怀与呵护,这是功不可没的。然而,缺乏男性教育往往会使孩子表现出多愁善感、性格懦弱、胆小怕事以及性格孤僻、自卑等特点。

年龄大一点的朋友一定还记得有个印度电影叫《流浪者》,说的是印度一位全国著名的大律师拉贡那特,他因为一个偏见而得罪了一个叫扎卡的人。于是,扎卡设计让他抛弃了即将分娩的妻子。在一个暴风雨交加的黑夜里,他的儿子拉兹出生在一个臭水沟旁。由于没有父亲的养育,拉兹自幼就成了流浪儿,后来在扎卡的引导下又沦为盗贼、流氓、杀人犯。在电影的结尾,大律师拉贡那特来到了监狱,他的儿子拉兹问他:"你是来看罪犯的吗?"他却满面羞惭地回答说:"不,我才是罪犯,我是来看儿子的。"作为一个全国知名的律师,在事业上无疑是非常成功的,然而,他的整个人生究竟是成功了还是失败了呢?

研究表明,父亲在孩子性别角色的认知、智慧的培养、性格和能力的形成方面都具有不可替代的作用。对于儿童形成心理安全感,确定男性角色或者男性特质有着明显作用。据美国耶鲁大学的科学家所做的一项持续12年的研究表明:由男性带大的孩子智商高,他们在学校里的成绩往往更好,将来走向社会也更容易成功。但是,中国父亲由于受"男主外,女主内"传统观念影响,导致家庭教育中父亲角色的薄弱。作为父亲,放弃教育子女的责任是一个极大的错误。有资料表明,平均每天能与父亲共处两个小时以上的孩子,要比其他的孩子智商高,男孩儿更像小男子汉,女孩儿长大后更懂得与异性交往。因此,当前强调家庭教育要引入"父亲"角色,设计相关的适合父亲参与的教育方式与内容,如提倡父亲做孩子的游戏伙伴,帮助孩子形成积极个性品质,提高孩子社交技能,使孩子性别角色正常发展,促进孩子认知发展。让"缺位"的父亲能够再走入"亲子教育",走进生活里的家庭教育,以提高家庭教育质量。

有位父亲在谈到教育孩子的经验时,他说,他对女儿从来没有辅导过功课什么的,就是每天回来跟孩子聊十分钟,只问四个问题,就完成了他的家庭教育:1.学校有什么好事发生吗?这是在调查价值观。2.今天你有什么好的表现?这是激励。3.今天有什么好收获吗?这是巩固所学。4.有什么需要爸爸的帮助吗?

意在分清责任。

最后，建议家长要不断学习，跟上社会发展的脚步，在学习中找到教育孩子的新方法。在这里推荐几本家庭教育领域的"大众读本"。

近年来，"家庭教育"已经成为中国图书市场的重要主题。从发行量来看，至少有三本书已经超过"百万"。

一是王东华著的《发现母亲》。

二是张欣武和刘卫华著的《哈佛女孩刘亦婷》。

三是刘恒新编译的《卡尔·威特的教育》。

其他发行量较大的"大众读本"有日本学者木村久一的《早期教育和天才》、孙云晓的《习惯决定孩子命运》、周弘的《赏识你的孩子》、刘晓东的《解放儿童》、薛涌的《美国是如何培养精英的》，等等。

在这些书中，日本学者的木村久一的《早期教育和天才》最短小却最有影响。该书中译本的发行量虽然没有超过"百万"，但中国图书市场上超过"百万"的三本书《卡尔·威特的教育》《发现母亲》和《哈佛女孩刘亦婷》无一不受《早期教育和天才》这本书的影响。

送给家长们一句话作为报告的结语：孩子的心是一片空地，种什么就会长什么！

如果一个孩子生活在批评之中，他就学会了谴责；

如果一个孩子生活在恐惧之中，他就学会了忧虑；

如果一个孩子生活在敌意之中，他就学会了争斗；

如果一个孩子生活在鼓励之中，他就学会了自信；

如果一个孩子生活在接受之中，他就学会了爱；

如果一个孩子生活在分享之中，他就学会了慷慨；

如果一个孩子生活在真诚之中，他就学会了真理和公正……

爱他而不宠溺他，教导他而不控制他，关怀他而不为他包办，惩罚他而不让他觉得被抛弃。让我们的孩子拥有更加完满的原生家庭和原生家庭的爱。只要方法得当，再普通的孩子也会成为不平凡的人。孩子的命运掌握在父母手中，父母是孩子的第一任老师，父母决定孩子的未来。

成人在家庭，成才在学校，成功在社会。成人在先成才成功在后。

衷心祝愿：你的孩子成人、成才、成功！

附录四：

青春起舞，文化高歌
——2014年佛罗伦萨中文学校意中儿童文艺汇演报道

六月，栀子花开，骄阳渐炽，点燃春与夏的激情；六月，学童齐聚，文化高歌，咏唱诗与歌的欢欣。六月，是属于孩子的月份，而6月3日，在这个青春洋溢的日子里，由托斯卡纳大区政府、COSPE协会、佛罗伦萨中意文化交流协会、甘地学院、San Donnino学校和佛罗伦萨孔子学院联合举办的一年一度的佛罗伦萨中文学校意中儿童文艺汇演活动在佛罗伦萨著名的PUCCINI剧场欢乐举行，并顺利落下帷幕。

佛罗伦萨各界人士纷纷到场支持，共襄盛会。到场嘉宾有来自托斯卡纳大区领导、驻佛罗伦萨总领馆领导、COSPE协会领导、意大利华文教育集团成员单位领导和校长、托斯卡纳中意交流教育联盟学校的各位校长、佛罗伦萨华人华侨联合总会、佛罗伦萨华人华侨妇女联合会和佛罗伦萨学生学者协会代表及家长代表600多人。

在PAOLOUCELLO学校带来的精彩的器乐合奏之后，我校学生用恢弘的气势演唱了意大利国歌，中华人民共和国国歌和佛罗伦萨中文学校校歌，观众报以热烈的掌声。意大利PAOLOUCELLO副校长、SAN DONNINO校长、托斯卡纳大区领导、中国驻佛罗伦萨总领馆季领事、COSPE协丽玛利娅女士以及佛罗伦萨中文学校潘世立校长上台致辞。

首先上台的是甘地学院DUCA D'AOSTA小学的副校长PATRUNO SUVINA，她表示这样的文艺活动给意中双方学校带来了文化交流和学习的机会，并增进了双方的友谊。SAN DONNINO校长OSVALDO DICUFFA在接下来的讲话中也指出："教育是鼓励不同文化，不同人们之间进行对话，以加深了解。"在今年佛罗伦萨中文学校与SAN DONNINO学校的教学交流中，双方教师通过见面会谈的方式，促进了学校、教师对其学生的了解，特别是对于在意方学习的中国孩子，使教师在他们之后的学习生活中，能够更有效地帮助他们。

托斯卡纳大区领导SUSANNA GUIDOTTI女士充分肯定了佛罗伦萨中文学校目前取得的成绩，大力称赞潘世立校长为中意交流做出的贡献，她对本次的文艺汇演表示期待，并希望交流能够走出托斯卡纳区，与中国能够有更多的接触。中国驻佛罗伦萨总领馆季刚总领事向在座学生致以诚挚的节日祝福，并称赞道："佛罗伦萨中文学校在传承和发扬中国文化方面发挥了重大的作用，在过去一年中，在潘校长的带领下，在当地政府和意方各校的帮助下，在意中文化交流和中华文化的传统教育下，中文学校取得了丰硕的成果，为增进意中双方友谊和交流做出巨大贡献。"

佛罗伦萨孔子学院副院长 VALENTIN PEDONEN 女士则期许能有更多这样的活动和合作的机会。COSPE 协会主席 FABIO LAURENZI 先生对本次活动表示极大的肯定，并说协会主要领导都有参加今天的活动，他们都为教师学生在本次活动中的辛勤付出表达崇高的谢意。

佛罗伦萨中文学校潘世立校长在致辞中，他首先隆重介绍了本次活动的举办方，并送上了儿童节的迟到祝福。他说佛罗伦萨中文学校努力向着合格化、规范化、专业化方向发展，不断光大国侨办授予"华文教育示范学校"的称号，现具有学前班、小学、初中、高中所有学制的全日制学校在欧洲是少见的。他指出在中意两国政府的支持下，在 COSPE 协会和意大利联盟学校的合作下，在广大家长的关心下，在师生的共同努力下，使学校形成一支强有力的教师队伍，由国内名校教师和执教多年的本地教师定期进行教研活动，狠抓教学质量，今年参加"第十五届世界华人学生作文大赛"和浙江省首届"水墨书法 根留中国"的书法大赛中获得了不菲的成绩，而在与各个意大利联盟学校的文化交流中，我们积极开展合作，努力促进校与校之间的对话，找到了新的沟通渠道，解决了意方多年难解决的一些华裔学生的问题，我们为共同教育学生、培养学生走出了一条新路。最后，他对所有成绩的取得归功于中意两国政府、驻佛罗伦萨总领馆、托斯卡纳大区、COSPE 协会和意大利联盟学校、全部家长、各位辛勤耕耘的教师和努力学习的学生表示感谢。

最后上台致辞的是 COSPE 负责人玛丽娅女士，她欣喜地指出，现在已经有越来越多的意大利学生愿意并热爱学习中文，佛罗伦萨中文学校也愿意提供中文学习的平台，让更多人了解中国文化，热爱中国文化。

致辞结束后，由佛罗伦萨中文学校谢群副校长主持，进入颁奖仪式。本次颁奖颁发了本年度的优秀学生和优秀教师，这是对他们在这一学年中辛苦学习和辛勤工作的极大肯定，同时，也颁发了第十五届"华人学生作文大赛"奖。本次比赛共有 68 名佛罗伦萨中文学校的学生参加，33 名学生获奖，其中有 6 名一等奖，

20名二等奖，7名三等奖。这些荣誉的取得都是各位领导、家长和全体师生共同努力的结果，也是在总领馆的关心和支持下所取得的，是与COSPE长期合作的成效，也是与保罗茨洛学校全体师生一起交流的结晶。

颁奖结束后，万众期待的意中儿童文艺汇演正式进入表演阶段。首先是来自SAN DONNINO学校热情赞助的合唱节目，青春明朗的歌声将在场的所有人都带回了那个青春萌动的岁月。接着，中文学校的学生陆续上台表演。本次表演汇聚了29个形式不一、内容丰富的文艺节目：歌伴舞《天路》领着观众来到辽阔的草原领略中国藏族独特的民族风情，诙谐逗趣的《双簧》、三句半《课文篇篇出奇葩》、相声《说一不二》和《比坏》则引得观众捧腹大笑，唯美活泼的舞蹈《追梦》《彩色青春》《动物狂欢》《爱的城堡》向观众展示着属于年轻活力的浪漫与想象，稚嫩的歌曲《蔬菜进行曲》《橡皮泥》《幸福歌》用童声传达出爱和温暖，而舞台剧《青春之歌》《明天会更好》《sorry sorry》、小品《考试以后》带给人以深刻的思考。

精彩的节目有很多，今年的创新节目也不少。在歌曲《宝贝去哪儿》中，学校组织了学生家长，学校教师和学生一起表演歌曲，给校、家和孩子搭起一个沟通的桥梁，更鼓励家校双方以孩子为中心，关注孩子成长。最值得一提的是具有中华特色的武术操《精忠报国》，"嘿嘿哈哈"的声音是中华铮铮男儿的呐喊，是中国崛起的声音。最后一个压轴节目是《我有祖国，我有母语》。这个节目是本校优秀外派教师的精心之作。36个学生将赤诚的红心高举，当他们用一个声音呼喊"我有祖国，我有母语！我爱祖国，我爱母语"时，台下的观众都湿了眼眶。文艺节目，不仅仅是娱乐观众那么简单，更重要的是唤起观众内心的最柔软之处，引发他们的共鸣，而本次活动正是做到了这一点。

佛罗伦萨中文学校意中文艺汇演在热烈的掌声中落下帷幕。每一次演出，不仅是一种汇报，一种向家长的展示，更是学生成长的一个里程碑，学校成长的一个标识。青春起舞，文化高歌，正是这青春与文化的交融，使学校这个名词，在历史的长河中熠熠生辉；正是这青春与文化的交融，使所有教师愿意贡献一生给他们挚爱的学生；正是这青春与文化，借助这样活泼动人的方式，让人流连，让人回味。

2014佛罗伦萨中文学校意中儿童文艺汇演，再见！让我们期待明年的相逢，让我们期待明年更大的突破和改变！

（供稿人：温州大学实习教师　李钰迪）

（鄂）新登字 08 号

图书在版编目（CIP）数据

醉在佛罗伦萨：外派意大利教学那一年 / 陈秀娟著.
-- 武汉：武汉出版社, 2015.6（2024.8重印）
ISBN 978-7-5430-9271-6

Ⅰ.①醉… Ⅱ.①陈… Ⅲ.①汉语—对外汉语教学—
教学研究 Ⅳ.① H195.3

中国版本图书馆 CIP 数据核字 (2015) 第 141061 号

书名：醉在佛罗伦萨：外派意大利教学那一年

著　　者：陈秀娟
出版策划：凤凰树文化
责任编辑：朱纪新
特约编辑：杨　罡
装帧设计：凤凰树文化
出　　版：武汉出版社
社　　址：湖北省武汉市江汉区新华路 490 号　　邮　编：430015
电　　话：（027）85606403　85600625
http://www.whcbs.com　E-mail:zbs@whcbs.com
印　　刷：三河市天润建兴印务有限公司　　经　销：新华书店
开　　本：787mm×1092mm　1/16
印　　张：11.25　　字　数：210 千字
版　　次：2015 年 8 月第 1 版　2024 年 8 月第 3 次印刷
定　　价：38.00 元

版权所有·翻印必究
如有质量问题，由承印厂负责调换